O signo da verdade

Assessoria de imprensa feita por jornalistas

Dados Internacionais de Catalogação na Publicação (CIP)
(Câmara Brasileira do Livro, SP, Brasil)

Viveiros, Ricardo
  O signo da verdade: assessoria de imprensa feita por jornalistas
/ Ricardo Viveiros e Marco Antonio Eid. São Paulo: Summus, 2007.

Bibliografia.

ISBN 978-85-323-0365-3

1. Administração 2. Assessoria de imprensa 3. Assessoria de
imprensa - Estudos de casos 4. Comunicação de massa 5. Jornalismo
I. Eid, Marco Antonio. II. Título.

07-2241   CDD-070.4

Índice para catálogo sistemático:
1. Assessoria de imprensa: Jornalismo 070.4

Compre em lugar de fotocopiar.
Cada real que você dá por um livro recompensa seus autores
e os convida a produzir mais sobre o tema;
incentiva seus editores a encomendar, traduzir e publicar
outras obras sobre o assunto;
e paga aos livreiros por estocar e levar até você livros
para a sua informação e o seu entretenimento.
Cada real que você dá pela fotocópia não autorizada de um livro
financia o crime
e ajuda a matar a produção intelectual de seu país.

Ricardo Viveiros
Marco Antonio Eid

O signo da verdade

Assessoria de imprensa
feita por jornalistas

summus
editorial

O SIGNO DA VERDADE
Assessoria de imprensa feita por jornalistas
Copyright ©2007 by Ricardo Viveiros e Marco Antonio Eid
Direitos desta edição reservados por Summus Editorial

Editora executiva: **Soraia Bini Cury**
Assistentes editoriais: **Bibiana Leme e Martha Lopes**
Capa: **Alberto Mateus**
Projeto gráfico e diagramação: **Crayon Editorial**

Summus Editorial
Departamento editorial:
Rua Itapicuru, 613 – 7º andar
05006-000 – São Paulo – SP
Fone: (11) 3872-3322
Fax: (11) 3872-7476
http://www.summus.com.br
e-mail: summus@summus.com.br

Atendimento ao consumidor:
Summus Editorial
Fone: (11) 3865-9890

Vendas por atacado:
Fone: (11) 3873-8638
Fax: (11) 3873-7085
e-mail: vendas@summus.com.br

Impresso no Brasil

Agradecimentos

ATÉ CHEGARMOS AQUI, nas páginas deste livro, cada um de nós precisou de mais de trinta anos de aprendizado acadêmico e prático. É justo reconhecer, portanto, tudo que aprendemos com os legítimos mestres (formais e informais) encontrados nas universidades e nas redações em que trabalhamos. E os ensinamentos não foram apenas recebidos dos que nos orientaram na vida profissional, mas também foram aprendidos com os colegas – dos "focas" aos diretores, passando por fotógrafos, ilustradores, diagramadores, cinegrafistas, pesquisadores, produtores, pauteiros, repórteres, revisores, editorialistas, redatores, chefes de reportagem, colunistas, editores, assessores. Enfim, cada um dos companheiros que estiveram ao nosso lado nas muitas e diferentes estradas da vida profissional, seja em rádios, televisões, jornais, revistas, seja em assessorias de imprensa (públicas e privadas).

A cada trabalho concluído, quando ainda atuávamos na mídia, aprendemos com os entrevistados e seus assessores de imprensa. Depois, vieram estes primeiros vinte anos da Ricardo Viveiros – Oficina de Comunicação, uma empresa de "Jornalismo Institucional" comprometida com a ética e a eficiência nas relações profissionais entre a mídia e as forças produtivas – uma história de sucesso, técnico e pessoal. E, ano a ano, fomos construindo uma equipe de vencedores composta de jornalistas comprometidos com a razão de ser do nosso trabalho: a verdade acima de tudo!

Valeu a pena. Conquistamos duas vezes, na atividade de consultoria e assessoria de imprensa, o mais importante prêmio técnico setorial, o da Aberje (Associação Brasileira de Comunicação Empresarial). E, em âmbito global da comunicação, recebemos o prêmio Top de Marketing da Associação de Dirigentes de Vendas e Marketing do Brasil (ADVB), o maior do gênero na América Latina. Essa foi a primeira vez na história desse prêmio que uma assessoria de imprensa venceu. E, por isso, mais uma vez agradecemos a todos os colegas com os quais realizamos mais uma trajetória de sucesso em nossa vida: nossos companheiros na Ricardo Viveiros – Oficina de Comunicação, nossos clientes, nossos fornecedores e, em especial, a toda a mídia nacional e internacional que nos abriu espaço ao ser respeitada por um responsável trabalho de jornalismo institucional.

Queremos agradecer aos jornalistas Luiz Carlos Lopes, Ada Caperuto, Carina Eguía e Bernadete Aquino, que participaram da elaboração dos textos de *cases* de sucesso da RV-O: eles foram profissionais decisivos para sua realização prática.

Por fim, agradecemos às nossas famílias que, com generosidade, compreenderam nossas ausências freqüentes em nome de um trabalho voltado aos interesses coletivos.

Esperamos que a nossa experiência, aqui apresentada com irrestrito amor à profissão, possa ser útil aos leitores e motivo de crescimento – tanto quanto foi, e continua sendo, para nós.

Os autores

Sumário

Prefácio 9
Introdução 15
1 O produto *informação* e as infinitas fontes de notícias . . 19
2 Jornalismo institucional 21
3 Retórica e ética 23
4 Atribuições do jornalismo empresarial 24
5 Atribuições da assessoria de imprensa 25
6 Produtos e estratégias da assessoria de imprensa . . . 28
7 O desenvolvimento da assessoria de imprensa no Brasil . . 39
8 O compromisso dos veículos de comunicação com o público 42
9 A notícia vive 44
10 Estrutura do jornalismo institucional no Brasil 48
11 Desafios a serem vencidos 50
12 Gerenciamento de crises 52
13 Não basta parecer, é preciso ser... 56
14 *Media training*, a conscientização do cliente 58
15 Manual de treinamento do cliente para uma boa relação com a imprensa 59
16 *Cases* de assessoria de imprensa 90
Anexo – A história da imprensa brasileira 125
Bibliografia e fontes 127

Prefácio

NOS ANOS MAIS SOMBRIOS da Ditadura Militar, a palavra "*release*" soava muito mal nas redações. Na verdade, era uma palavra maldita. O mesmo poder que censurava informações de real interesse da sociedade despejava nos veículos de comunicação "notícias" louvando seus feitos. O *release* assumia, assim, o caráter de peça de propaganda, um substituto espúrio da informação verdadeira, sempre negada pelos hierarcas do regime. Enquanto os figurões omitiam informações afirmando nada terem a declarar, os profissionais que contratavam como assessores de imprensa cumpriam a incômoda função de manter a distância os jornalistas que insistiam em perguntar.

Desse modo, o assessor de imprensa assumia, paradoxalmente, o papel de censor. Dele esperava-se o mesmo nas poucas empresas ou entidades que então mantinham assessorias: em vez de produzir informação, tinha de escondê-la, sempre que considerada inconveniente, enquanto se entregava à tarefa de alinhar nos *releases* as informações "positivas" cujo destino, na maioria das vezes, era a cesta de lixo das redações dos veículos.

Em meados dos anos 1970, quando os generais, numa tentativa de preservar o regime, acenavam com uma abertura política sob controle, os sindicatos de jornalistas começaram, timidamente, a discutir o papel do assessor de imprensa. Não raro, nessas discussões, os profissionais de assessoria eram apontados como inimigos da categoria; e os *releases* que escreviam, excomungados.

Com a democratização, porém, o quadro foi aos poucos se transformando. Abrandaram-se os preconceitos, ao mesmo tempo em que o negócio de assessoria de imprensa se expandia, tornando-se em poucos anos importante segmento do mercado de comunicação no país. As empresas de assessoria se desenvolveram com base em novos conceitos, a maioria delas — há as exceções, é claro — buscando desempenhar suas atividades com ética e eficácia. O que hoje se chama de "Jornalismo Institucional" transcende ao antigo conceito de assessoria de imprensa, pois não se coloca a serviço apenas de seus clientes, corporativos e públicos, mas da mídia e, por extensão, da sociedade.

Ao mostrar a evolução do jornalismo institucional no Brasil, este livro oferece ao mercado um panorama do setor. Aqui temos um completo manual de como se deve fazer assessoria de imprensa com seriedade e eficiência. Trata-se de um trabalho que vai muito além dos padrões desse tipo de publicação, a começar pela qualidade do texto e pela fundamentação das informações.

O signo da verdade expõe, de modo didático, as estratégias de relações das assessorias com a mídia, mas não fica nisso: analisa o aspecto sociológico da comunicação, oferecendo embasamento acadêmico ao exercício da atividade. Trata-se de trabalho que resulta do conhecimento e da experiência que seus autores, os jornalistas Ricardo Viveiros e Marco Antonio Eid, acumularam tanto nas redações quanto na universidade. E mostra, além disso, a trajetória de sucesso da empresa que dirigem, a Ricardo Viveiros – Oficina de Comunicação, que completa, em 2007, seus primeiros 20 anos de existência.

O signo da verdade mostra, sobretudo, que o moderno conceito de jornalismo institucional fundamenta-se na verdade da informação, em valores éticos, e não na prática de tráfico de influência e na troca de favores que, infelizmente, ainda ocorre. Este livro, porém, não foi escrito para quem insiste em tais práticas, mas sim para os profissionais que encaram com seriedade o seu trabalho.

Audálio Dantas

Audálio Dantas, nascido em Tanque d'Arca, Alagoas, em 8 de julho de 1929, é um dos mais conhecidos e respeitados jornalistas do país, premiado no Brasil e no exterior. Trabalhou nos maiores veículos da mídia nacional e recebeu destacada homenagem da Organização das Nações Unidas (onu) por sua série de reportagens sobre o Nordeste brasileiro, publicadas na extinta revista *Realidade* (Editora Abril). Nos anos 1960, quando da construção das vias marginais da cidade de São Paulo, o então repórter Audálio Dantas descobriu Carolina de Jesus, uma catadora de papéis que vivia numa favela. Carolina tinha um diário, e Audálio convenceu a Editora Francisco Alves a lançar o livro que organizou e titulou como *Quarto de despejo*, um sucesso editorial traduzido para treze línguas e publicado em mais de quarenta países, já tendo ultrapassado a marca de um milhão de exemplares vendidos em todo o mundo. Audálio foi presidente do Sindicato dos Jornalistas do Estado de São Paulo à tensa época do assassinato do jornalista Vladimir Herzog pela Ditadura Militar. Foi o primeiro presidente da Federação Nacional dos Jornalistas (Fenaj), deputado federal (pmdb-sp) e presidente da Imprensa Oficial do Estado de São Paulo. Autor de mais de uma dezena de livros, hoje é o titular da Audálio Dantas Comunicação e Projetos Culturais, vice-presidente da Associação Brasileira de Imprensa (abi) e conselheiro da União Brasileira de Escritores (ube).

O verbete

signo
[Do lat. signu.]
S. m.

DEFINIÇÃO 4. LINGÜÍSTICA. Entidade constituída pela combinação de um conceito, denominado significado, e uma imagem acústica, denominada significante. [A imagem acústica de um signo lingüístico não é a palavra falada (ou seja, o som material), mas a impressão psíquica deste som, segundo Saussure (v. saussuriano); **no uso corrente, contudo, o termo signo designa freqüentemente a palavra.**]

DEFINIÇÃO 5. SEMIOLOGIA. Todo objeto, forma ou fenômeno que representa algo distinto de si mesmo: a cruz significando "cristianismo"; a cor vermelha significando "pare" (código de trânsito); uma pegada indicando a "passagem" de alguém; **as palavras designando "coisas (ou classe de coisas)" do mundo real**; etc.

Novo Dicionário Aurélio da Língua Portuguesa,
de Aurélio Buarque de Holanda Ferreira
(Editora Positivo)

*"Há um bom motivo para os leitores ouvintes
e telespectadores estudarem jornalismo: protegerem-se
de nós, jornalistas, vítimas freqüentes de erros cometidos
pela inexorável pressa, lobbies, mentiras, sem contar
os deslizes provocados por nossas preferências partidárias,
ideológicas ou simples amizades."*

GILBERTO DIMENSTEIN

*"O jornalismo é o exercício diário da inteligência
e a prática cotidiana do caráter."*

CLÁUDIO ABRAMO

*"O mais importante na comunicação
é ouvir o que não foi dito."*

PETER DRUCKER

*"A ética é a obediência ao que não
pode ser obrigatório."*

RUSHWORTH KIDDER

Introdução

A CAPACIDADE DE SE COMUNICAR – obviamente conferida por características biológicas muito peculiares – é o grande diferencial do ser humano em relação aos outros animais. O homem, em que pesem as pesquisas mais recentes sobre a eventual capacidade de comunicação dos cetáceos, é a única espécie do planeta que passa e recebe informações por meio de símbolos lógicos. É o único, portanto, capaz de transmitir a outros membros da espécie e a seus descendentes a cultura adquirida. Em virtude desse atributo, a humanidade deu um passo gigantesco na cadeia evolutiva.

A palavra "comunicação" define o processo pelo qual uma informação é transmitida por meio de um símbolo lógico. O somatório da "informação" e do "símbolo" constitui o "signo", que pode ser um gesto, um som, uma imagem ou até mesmo a sutil expressão de um sentimento. O importante é que, no âmbito de uma comunidade, cada signo tenha um significado definido e seu conjunto, portanto, configure uma linguagem entendida por todos.

Estudos da lingüística demonstram que o ser humano organizou sua comunicação lógica, primitivamente, com base no sujeito, no verbo ser/estar e em um gerúndio que definia a ação: eu sou/estou cantando; eu sou/estou comendo; eu sou/estou celebrando, caçando, pescando, vivendo, morrendo... Desde o princípio, a comunicação estabelece a relação do indivíduo com o mundo, ou seja, com a sociedade na qual estava inserido. O homem tornou-se um ser social a partir do instante – perdido na Pré-História – em que conseguiu estabelecer linguagens lógicas.

Essa visão antropológica à luz da semiologia permite uma análise mais abrangente das formas de organização e desenvolvimento da sociedade humana, afinal, é por meio da comunicação que, no âmbito de cada comunidade, se estabelece o conjunto de valores – políticos, religiosos, econômicos e comportamentais – que constitui o universo cultural, os usos e costumes de cada tribo, nação e civilização.

Durante milhares de anos, nas sociedades primitivas, a comunicação limitou-se à linguagem oral. A escrita, forma mais sofisticada de comunicação, surgiu por volta de 4000 a.C., na Mesopotâmia, no Egito, na China, na Palestina e na Índia.

Os povos que habitavam essas regiões formaram as primeiras civilizações do planeta e tinham em comum a prática da agricultura, a criação de animais, a metalurgia, a escultura, os sistemas religiosos e políticos organizados e, claro, a escrita. Esta última virtude lhes permitia deixar para as sucessivas gerações todo o conhecimento adquirido, estabelecendo-se a memória histórica e cultural, além de preciosos referenciais científicos. Os mais avançados, à época, eram sumérios, egípcios, hebraicos, fenícios, hititas, cretenses, persas, chineses e hindus.

Todas as grandes transformações que se seguiram na História apoiaram-se na capacidade da comunicação. A dialética materialista desenvolveu um conceito que sobreviveu à queda do Muro de Berlim: "A História é a sucessão de fatos gerados pelas necessidades econômicas". Pode-se afirmar, em complemento a esse conceito, que a comunicação fornece os meios para que as transformações se processem.

Para entender melhor o papel da comunicação nas mudanças históricas, tomemos o exemplo do Renascimento/Mercantilismo, que foi um dos principais vetores das grandes transformações ocorridas à época, influenciando de maneira muito clara as modificações na economia, na política e na cultura, além de ter constituído o advento do tipo móvel para impressão, criado pelo alemão Johannes Gutenberg, em 1448. A comunicação, democratizada pela possibilidade de se imprimir em larga escala, foi um agente significativo de transformação da sociedade e suscitou a difusão das novas idéias. Estas podem ser vistas em obras como *O Príncipe*, de Maquiavel (que sustentou filosoficamente o absolutismo), *Elogio à loucura*, de Erasmo de Roterdã, na poesia épica veneziana de Ariosto e Torquato Tasso e nos textos, em verso ou em prosa, que descreviam o novo papel do Estado monárquico, as grandes navegações e a explosão do mercantilismo, substituto veloz da economia feudal.

Assim, não é sem razão que Gutenberg tenha se destacado, em todas as antologias do segundo milênio, como um dos mais importantes personagens da História. A partir do momento em que inventou os tipos móveis e imprimiu o primeiro livro – uma Bíblia –, o mundo nunca mais foi o mesmo.

À época, a Europa tinha cerca de cinqüenta milhões de habitantes, dos quais apenas oito milhões sabiam ler. Soma-se a esse fato a dificuldade em se obter livros, que eram manuscritos e praticamente se restringiam às bibliotecas dos mosteiros. Em pouco tempo, porém, a ampliação da oferta de livros, decorrente da invenção dos tipos móveis, estimulou a busca pelo conhecimento. Cerca de dois anos após a venda, numa feira em Frankfurt, Alemanha, das duzentas Bíblias inicialmente impressas por Gutenberg, o número de europeus alfabetizados já chegava à casa dos dezessete milhões.

Esse exemplo indica a importância do desenvolvimento dos meios que possibilitaram a reprodução em larga escala das informações, ou seja, a comunicação de massa. Para entendermos melhor esse processo, é fundamental uma rápida análise da comunicação nas sociedades primitivas.

Os grupamentos humanos, nômades ou não, organizavam-se com base em três sistemas sociais: o econômico, o político e o religioso. Sem ramificações complexas, esses sistemas produziam informações facilmente transmitidas entre os membros das tribos. À medida que a sociedade humana se tornava mais complexa e os sistemas sociais multiplicavam-se, tornou-se mais difícil manter informado todo o conjunto da comunidade sobre cada área de atividades. Num primeiro momento, a escrita contribuiu muito para manter a coesão cultural das primeiras civilizações.

Já no Renascimento, como observamos anteriormente, a imprensa de Gutenberg representou grande avanço para a comunicação. O trabalho, até então realizado pelos escribas, finalmente deixou de ser moroso e artesanal, e passou a ser produzido em larga escala, o que possibilitou a impressão de livros e tratados.

Outro passo fundamental para o desenvolvimento da comunicação foi o rádio, criado por Guglielmo Marconi, no final do século XIX. Imprensa e rádio, num primeiro momento, e a televisão, posteriormente, suscitaram grandes transformações históricas. Agora, a internet soma-se ao processo, e completa-se um novo ciclo na história da comunicação, tão importante quanto foi o advento da linguagem escrita e dos tipos móveis. A comunicação, na sofisticada sociedade contemporânea, é o sistema que oferece coesão e referências culturais harmônicas a cada comunidade, estado, país, enfim, à civilização global.

◆

1 O produto *informação* e as infinitas fontes de notícias

No COMPLEXO MUNDO CONTEMPORÂNEO, são infinitas as fontes de informação. As principais fontes de notícias que alimentam a comunicação de massa são – como nas sociedades primitivas – os diferentes sistemas sociais, hoje acrescidos de suas múltiplas ramificações e especializações:

- **Economia** (indústria, comércio, serviços, agricultura, pecuária, mercado financeiro, turismo etc.);
- **Política** (municipal, estadual, nacional, internacional, Executivo, Legislativo, eleições etc.);
- **Justiça** (varas cíveis e criminais, tribunais de diferentes instâncias etc.);
- **Religião;**
- **Entidades de classe** (sindicatos patronais e de trabalhadores, associações e federações etc.);
- **Terceiro setor** (institutos, fundações, entidades beneficentes, ONGs etc.);
- **Ensino/educação** (ensino fundamental, ensino médio, ensino superior, especializações em nível universitário, ensino técnico, escolas profissionalizantes etc.);
- **Tecnologia** (institutos tecnológicos, pesquisas, descobertas científicas, invenções, laboratórios etc.);
- **Informática;**
- **Lazer e cultura** (cinema, teatro, artes plásticas, música, dança, livros, espetáculos, gastronomia etc.);
- **Esportes;**
- **Saúde;**
- **Meio ambiente.**

Essa resumida relação indica apenas algumas das principais fontes da informação no mundo contemporâneo. Considerando-se o alto grau de especialização da sociedade e as interfaces de todos os sistemas sociais, tem-se a noção de que o mundo produz, a cada segundo, milhões de *bits* de informação.

Rádios, jornais, revistas, televisões e sites jornalísticos têm cada vez mais dificuldades para cumprir a missão que, na sociedade primitiva, era desempenhada pela comunicação interpessoal. Por mais repórteres e setoristas[1] que empreguem, por mais agências de notícias e correspondentes que contratem, ainda assim os veículos de comunicação não dão conta de obter todas as informações que o mundo produz a cada segundo da História efervescente do século XXI.

◆

---

[1] Setorista: repórter que acompanha o dia-a-dia de setor específico.

2 Jornalismo institucional

A INCAPACIDADE DE ONIPRESENÇA dos veículos de comunicação diante de todos os fatos gerados pela civilização contemporânea foi, muito provavelmente, a *necessidade* que deu origem à especialização hoje conhecida como *jornalismo institucional* – definição dada por Alberto Dines, um dos jornalistas mais completos e éticos do Brasil. Podemos dividir essa especialização em dois ramos básicos: jornalismo empresarial e assessoria de imprensa.

Em ambos os casos, o jornalismo institucional tem a missão precípua de suprir a demanda de informação que os veículos de comunicação de massa não conseguem atender. E informação é, hoje, o bem mais desejado e procurado por todos os indivíduos que transitam tanto pelo universo social quanto pelo profissional.

Jornalismo empresarial

É dividido em dois tipos básicos de mídia: as dirigidas ao *público interno*; e as dirigidas ao *público externo*. Essas publicações podem ser jornais, revistas, *news letters*, murais e boletins eletrônicos, hoje inseridos em sites ou transmitidos diretamente para o e-mail dos destinatários. Também há rádios e até mesmo canais de televisão internos que funcionam como veículos de comunicação direta com o público de uma empresa ou organização.

As mídias voltadas ao público interno têm a missão de estabelecer a chamada "cultura organizacional" – metas, objetivos e modelos operacionais – de modo coeso e sinérgico entre todos os membros de uma empresa, entidade, instituto, fundação, governo etc. Por isso, a comunicação torna-se, cada vez mais, ferramenta estratégica para todas as organizações. Trata-se de atividade condicionante do sucesso e da sobrevivência das empresas.

Não é necessário muito esforço de raciocínio para compreender o porquê da importância do processo de comunicação no contexto da economia global. Se a sinergia é vital até mesmo para as microempresas da era de aquário, o que dizer, então, dos grandes grupos multinacionais que têm milhares de funcionários, que precisam "falar" e "entender" a mesma linguagem, espalhados por todo o mundo?

Por outro lado, *as mídias voltadas ao público externo* têm a missão de levar a fornecedores e clientes, de modo geral, informações sobre uma empresa ou organização que não teria outros canais de comunicação com segmentos específicos da comunidade.

Assessoria de imprensa

Seu principal papel consiste em submeter à análise dos veículos de comunicação – de massa ou especializados – notícias de interesse de toda a comunidade ou de um segmento específico desta, às quais jornais, revistas, rádios, televisões e webmídia não teriam acesso direto ou espontâneo. A assessoria de imprensa constitui-se no principal canal entre os sistemas sociais (político, econômico, religioso, esportivo, empresarial, associativo etc.) e os veículos de comunicação.

Há notícias de grande impacto local, regional, nacional ou internacional que jamais seriam publicadas na mídia impressa nem veiculadas na mídia eletrônica não fosse a atividade de assessoria de imprensa.

◆

3 Retórica e ética

ANÁLISE PURAMENTE CIENTÍFICA demonstra não haver comunicação sem retórica. Por menos adjetivada ou tendenciosa que seja uma notícia, o simples ato de decidir sua inserção ou não em qualquer veículo tem conotação retórica. O espaço utilizado, o tamanho do título, a quantidade de fotos, chamada ou não na primeira página, o tom de voz de um locutor – ou seja, o aspecto formal – podem conferir maior ou menor importância a uma notícia, independentemente de seu conteúdo imparcial.

Vemos, então, que, na divisão do signo (em sua conotação semiológica), a retórica pode estar presente no conteúdo ou na forma. O importante para a finalidade desta análise é que o caráter retórico, em menor ou maior escala, é uma realidade em todo processo de comunicação.

Essa consideração é fundamental para que se discuta o verdadeiro papel do jornalismo institucional e os seus aspectos éticos. Se na prática do jornalismo, do jornalismo empresarial ou da assessoria de imprensa a retórica é uma característica presente, estabelecer os seus limites é fundamental para não esbarrar na ética.

Outro aspecto a ser levado em conta para que o respeito à ética prevaleça no exercício do jornalismo institucional é relativo às reais atribuições da profissão. Não se pode, por exemplo, confundi-la com *lobby* – uma atividade, aliás, ainda não entendida nem regulamentada no Brasil, conforme observa o advogado Ruy Altenfelder, que estimulou o debate sobre o tema quando ocupou o cargo de presidente da Aberje – ou, ainda, com publicidade e propaganda.

Em termos práticos, quais são as funções e os parâmetros éticos do jornalismo institucional? Para efeito didático, dividiremos esta análise em jornalismo empresarial e assessoria de imprensa.

4 Atribuições do jornalismo empresarial

NA ELABORAÇÃO DE MÍDIAS, sejam elas voltadas ao público interno ou ao externo, as atribuições técnicas do jornalismo empresarial são as seguintes: conhecimento histórico/cultural, estudo e análise permanente da instituição (dela e do contexto em que atua); diagnóstico de seus principais problemas e desafios; elaboração da pauta, ouvindo e dando sugestões à empresa ou organização; realização de reportagens, pesquisas, fotos, ilustrações, gráficos, textos e edição final; revisão; projeto visual, diagramação; e acompanhamento do processo de produção gráfica, para assegurar a qualidade do produto.

Ao cumprir com qualidade e eficiência esse cronograma de trabalhos técnicos, o jornalista terá respondido com ética e profissionalismo ao trabalho para o qual foi contratado. Basta isso, porém, para ser totalmente ético? Obviamente não.

Como já vimos anteriormente, uma publicação, inclusive na área do jornalismo empresarial, tem conotações retóricas. Isso não implica, porém, a publicação de mentiras. Certamente, o jornalista não deve funcionar como censor da empresa ou organização para a qual presta serviços, impondo a publicação ou a exclusão de informações. No entanto, deve ter sensibilidade e embasamento intelectual para discutir as pautas com a organização e demonstrar a importância de ser transparente num ambiente social e político cada vez mais marcado pela democracia, pelo civismo e pelo equilíbrio entre direitos e deveres.

◆

5 Atribuições da assessoria de imprensa

TECNICAMENTE, o trabalho do assessor de imprensa, seja ele interno, seja terceirizado, pode ser definido pelas seguintes atribuições:

- interagir permanentemente com o *board* e a média gerência da empresa ou instituição para a qual trabalha, vivenciando o seu dia-a-dia e o do setor no qual atua, estabelecendo, ainda, uma política de comunicação e as estratégias de relações com a mídia;
- conhecer a fundo a história, os produtos e serviços, os valores, as políticas e as metas da empresa ou instituição a qual atende. É indispensável, ainda, que ele conheça o setor como um todo e acompanhe de perto tanto o cotidiano da empresa quanto a economia nos mercados de interesse;
- elaborar todos os *press releases* solicitados pela empresa ou organização, para divulgação;
- propor temas para matérias e artigos assinados capazes de despertar o interesse da imprensa;
- manter rotina de contatos telefônicos e visitas pessoais periódicas aos veículos de comunicação, estabelecendo um processo de mão dupla, ou seja, de ouvir e falar à imprensa;
- convocar e organizar coletivas de imprensa todas as vezes que essa estratégia for necessária;
- propor com regularidade – a jornais, revistas, emissoras de rádio e televisão e sites noticiosos – a realização de entrevistas;
- atender aos colegas da mídia como verdadeiros clientes, agendando entrevistas rapidamente quando forem solicitadas, passando com agilidade e transparência as informações e abrindo portas na empresa ou instituição que representa;

- manter mailing atualizado dos veículos de comunicação e jornalistas para dar um tratamento científico e sistemático às divulgações, que não podem ser aleatórias ou empíricas, devendo ser precedidas de criterioso – e sempre urgente – estudo de mídia;
- atuar, sempre que necessário, no chamado gerenciamento de crises, procurando orientar a defesa do cliente com base em critérios éticos e de transparência (ver capítulo 12, "Gerenciamento de crises");
- desenvolver treinamento para diretores e funcionários quanto ao relacionamento com a imprensa, o *media training*.

Essas atividades técnicas são complementadas, normalmente, pelo constante diálogo que o assessor de imprensa deve manter com seus colegas da mídia. Telefonar para os jornais para verificar se o material enviado chegou às mãos da pessoa certa, conversar com esse profissional sobre a importância do tema, discutir sobre a oportunidade de sua veiculação ou oferecer uma entrevista sobre o assunto em nada desabonam eticamente o trabalho do assessor de imprensa. No entanto, tentar cooptar o colega da mídia por meio de qualquer outro artifício não-retórico ultrapassa a fronteira da ética.

Do mesmo modo, o jornalista assessor deve ter um compromisso definitivo com a verdade e desenvolver a consciência de que a liberdade de imprensa é uma das principais conquistas das nações democráticas. Assim, é perfeitamente legal e ético que ele discuta com os colegas da mídia uma notícia ruim sobre a organização ou empresa que representa, na tentativa de tornar prevalente a verdade ou de defender o direito da dúvida e da exposição de motivos e justificativas da instituição citada. No entanto, pretender que a notícia não seja publicada, além de antiético, é ignorar a própria Constituição.

Eis aqui uma regra fundamental: o contrato de prestação de serviços de assessoria de imprensa com qualquer pessoa física ou jurídica, instituição financeira, organização pública ou privada – com ou sem fins lucrativos – e órgão governamental não pode conter quaisquer práticas que, mesmo legais, sejam antiéticas, como a tentativa de cooptação pecuniária de jornalistas, prática de mentiras e tráfico de influência.

A assessoria de imprensa, como canal entre a mídia e os sistemas sociais geradores de informação, não pode prescindir da credibilidade, valor fundamental ao cumprimento de seu papel na sociedade contemporânea. Ao comprometer a credibilidade, as assessorias perdem a legitimidade como interlocutores de uma empresa ou organização.

Infelizmente, há assessorias que, de maneira sub-reptícia, oferecem serviços de *lobby* a seus clientes ou aceitam fazê-los para não perder a conta. Isso é muito negativo para o mercado, pois compromete o trabalho das concorrentes que têm foco técnico e eticamente correto em seu negócio. A bem da verdade, é preciso acabar com a hipocrisia – e o caminho para isso é legalizar e profissionalizar o *lobby* no Brasil.

Certamente, porém, esse não é um trabalho para assessorias de imprensa. É necessário, como ocorre em outros países, o surgimento de empresas que conheçam esse negócio, que também pode ser desenvolvido dentro de preceitos técnicos e até mesmo éticos. O que precisa acabar no Brasil é este horrível eufemismo de chamar de *lobby* algumas práticas criminosas, como o suborno, o tráfico de influência, a troca de favores espúrios e outras barbaridades.

♦

6 Produtos e estratégias de assessoria de imprensa

Vejamos a seguir alguns produtos e estratégias utilizados pelas assessorias de imprensa.

Press kit

Logo no início do trabalho de atendimento de qualquer conta, a assessoria de imprensa deve preparar detalhado *press kit* que contenha todas as informações sobre o cliente, incluindo sua história, estrutura, missões, números (funcionários, faturamento, unidades, equipamentos), produtos/serviços e principais diretores. O *press kit* será permanentemente atualizado e constituirá um material de consulta e referência para os jornalistas. Ele serve, também, para subsidiar entrevistas e outras ações de imprensa.

Pautas semanais

Visando à conquista do objetivo principal do trabalho de assessoria de imprensa – *tornar o cliente fonte da mídia no seu campo de atuação* –, bem como à solidificação e manutenção de sua imagem institucional, é importante oferecer à apreciação e análise da imprensa, no mínimo, uma boa pauta semanal – mesmo que não se objetive a publicação. A idéia é manter o cliente cada vez mais "vivo" no universo dos jornalistas.

A estratégia de mídia para esse noticiário semanal será definida de acordo com a importância, abrangência e características de cada informação. Ora deve-se oferecê-la com exclusividade a um grande veículo, ora divulgá-la amplamente – e assim por diante. Muitas vezes, uma única notícia rende pautas com enfoques diferentes, considerando-se as distinções entre as mídias (impressas e eletrônicas), as peculiaridades regionais e as ligações com outros temas conjunturais.

Colunistas

Outra ação periódica imprescindível é o envio, alternadamente e sempre com exclusividade garantida, de notas "quentes" (novidades referenciais) para quem escreve as principais colunas, mídia de altos índices de leitura e grande visibilidade.

Pautas e produtos jornalísticos especiais

Pautas e produtos jornalísticos especiais para a mídia eletrônica (rádio e TV), incluindo os veículos da webmídia, também são fundamentais. Essas pautas, ao contrário da prática corriqueira e equivocada do mercado, devem ser personalizadas, levando em conta a forma, o estilo, a linguagem e as características de cada mídia.

Artigos assinados

São um produto jornalístico nobre e contribuem de modo significativo para a imagem institucional das organizações e, sobretudo, para transformá-las em fonte. Pesquisa da Ricardo Viveiros – Oficina de Comunicação demonstra que os artigos assinados são muito valorizados pelos jornalistas brasileiros, que costumam buscar informações com os articulistas. Esses textos têm, ainda, visibilidade diferenciada e atingem diretamente executivos, empresários, líderes setoriais e homens públicos.

Seguem-se alguns exemplos de materiais especiais e personalizados para mídias específicas desenvolvidos pela Ricardo Viveiros – Oficina de Comunicação, uma das assessorias de imprensa brasileiras que praticam, nos padrões determinados, o jornalismo institucional:

> **Rádio Press®**
> SERVIÇO EXCLUSIVO DA RICARDO VIVEIROS – OFICINA DE COMUNICAÇÃO
> Ano IX – nº 530 – 23 de novembro de 2006 – p.23 – tel./fax: (11) 3675-5444
> e-mail: ada@viveiros.com.br – http://www.viveiros.com.br
>
> O Rádio Press® destina-se aos editores, buscando contribuir para seu trabalho de fechamento dos jornais radiofônicos, especialmente nos finais de semana, quando há menos notícias.

NÚCLEO DE ANIMAÇÃO DE SÃO BERNARDO CONCLUI CURTA-METRAGEM

LOC. Produzido por ex-alunos da oficina de animação da Prefeitura de São Bernardo do Campo, o curta *O pavão misterioso* será lançado em março.

LOC. Elaborado em técnica *stop motion* (bonecos de massinha) e finalizado em formato digital, o filme tem quinze minutos de duração e será inscrito nos principais festivais, como Anima Mundi e Festival de Gramado (Brasil) e Festival de Toronto (Canadá).

LOC. *O pavão misterioso*, de José Camelo de Melo Rezende, é um dos mais famosos cordéis do Brasil. O tema foi escolhido pelos produtores em homenagem à cultura brasileira.

LA DIGITAL É FINALISTA DO PRÊMIO FERNANDO PINI

LOC. A gráfica rápida LA Digital concorrerá na categoria "Impressão digital" do décimo sexto Prêmio Brasileiro de Excelência Gráfica Fernando Pini.

LOC. Especializada em impressão digital personalizada, com apenas dois anos de existência, a empresa concorre pela segunda vez no concurso promovido pela Associação Brasileira de Tecnologia Gráfica e Associação Brasileira da Indústria Gráfica.

LOC. A empresa é vinculada ao Grupo Projeção e, no ano passado, foi vencedora nessa mesma categoria com capas personalizadas para a revista Cavallino.

LOC. Vencedores do Prêmio Fernando Pini serão anunciados em 28 de novembro no Expo Barra Funda, na capital paulista. Mais informações nos sites www.abtg.org.br e www.fernandopini.org.br.

FUNDAÇÃO DE ROTARIANOS DE SÃO PAULO COMEMORA 60 ANOS

LOC. Em 29 de novembro, a Fundação de Rotarianos de São Paulo completa 60 anos, comemorando resultados na educação de qualidade.

LOC. A confraternização acontecerá no clube Monte Líbano, na capital paulista. Estarão presentes autoridades da educação, do estado e do município, funcionários, colaboradores e amigos.

LOC. A entidade é mantenedora de quatro unidades educacionais: Centro Profissionalizante Rio Branco, Escola para Crianças Surdas Rio Branco, Colégio Rio Branco e Faculdades Integradas Rio Branco.

LOC. A fundação nasceu com base na visão de que ensino é o principal meio para construção de sociedade mais humana e pacífica, composta por cidadãos éticos e solidários.

PRESIDENTE DA CGT É CONTRA CRIAÇÃO DE FUNDO COM RECURSOS DO FGTS

LOC. O presidente da Confederação Geral dos Trabalhadores (CGT), Salim Reis, declara que "o governo precisa separar aposentadoria previdenciária de aposentadoria social".

LOC. Segundo ele, "dinheiro para infra-estrutura deve ser tirado do orçamento do governo e não do Fundo de Garantia do trabalhador".

LOC. A manifestação do sindicalista é sobre medidas em estudo para a criação de fundo de investimento composto por 80% do FGTS para financiar projetos de infra-estrutura e reduzir déficit da Previdência Social.

LOC. Salim disse ainda que espera que o governo compense perdas da correção da tabela do Imposto de Renda, conforme acertado com centrais sindicais, que também estão em luta pelo reajuste do salário mínimo.

FACULDADES INTEGRADAS RIO BRANCO INCENTIVAM TRABALHO VOLUNTÁRIO

LOC. No próximo sábado, 25 de novembro, as Faculdades Integradas Rio Branco realizam o "Dia diferente", para promover responsabilidade social e incentivar voluntariado.

LOC. Alunos, funcionários, amigos e convidados podem participar em três eixos de ação: "Nossos idosos", "Nossas crianças" ou "Meio ambiente", nas instituições: Casa Abrigo Santana, Fraternidade Irmã Clara (Centro de Convivência) e Associação Reciclázaro.

LOC. Quem não participar pode arrecadar ou doar roupas, brinquedos, livros, alimentos não-perecíveis e produtos de higiene pessoal. O material será encaminhado às instituições assistidas no "Dia diferente".

LOC. Doações devem ser entregues no campus das Faculdades Integradas Rio Branco, à Avenida José Maria de Faria, 111, Lapa, São Paulo.

LOC. Informações e inscrições pelo site: www.riobrancofac.edu.br.

ABIGRAF SÃO PAULO DOA MAIS UMA BIBLIOTECA PÚBLICA AO ESTADO

LOC. A Associação Brasileira da Indústria Gráfica Regional São Paulo inaugura mais uma biblioteca pública. A iniciativa faz parte do programa "São Paulo: um Estado de leitores", da Secretaria de Estado da Cultura.

LOC. A entidade escolhida é a Creche Angelina Vieira, do exército, no Comando Militar do Sudeste, que receberá seiscentos livros e um computador equipado com softwares.

LOC. A cerimônia de inauguração acontece em 6 de dezembro, às onze e meia, na Rua Sargento Mário Cozel Filho, 222, Ibirapuera, São Paulo. Estarão presentes o presidente da Abigraf Regional São Paulo, representantes da Secretaria da Cultura e demais autoridades.

TV Express®

SERVIÇO EXCLUSIVO DA RICARDO VIVEIROS – OFICINA DE COMUNICAÇÃO
tel/fax: (011) 3675-5444 – e-mail: rvo@viveiros.com.br – http://www.viveiros.com.br

O TV Express® é um serviço específico de pautas para televisão.
Seus públicos são os chefes de reportagem e os pauteiros das emissoras de televisão.

"PROVEI": SENAI-SP REÚNE CINCO MIL ALUNOS PARA AVALIAR PROCESSO DE ENSINO E APRENDIZAGEM.

Programa de avaliação do Senai-SP, batizado de Provei, é inédito na Educação Profissional brasileira. Terá início domingo, com provas aplicadas a cinco mil alunos dos cursos técnicos e de aprendizagem industrial.

Aproximadamente 85% dos alunos dos cursos do Senai-SP têm vagas garantidas na indústria – as empresas têm a expectativa de que eles agreguem novos conhecimentos.

Até hoje, nenhuma rede de ensino profissionalizante – pública ou privada – foi capaz de avaliar, de maneira sistematizada, a eficácia da educação oferecida e sua adequação aos interesses do mercado de trabalho e dos alunos.

Para obter total isenção, a avaliação do Provei será feita por instituições externas. A Fundação Carlos Chagas será responsável por aplicar provas dos cursos de aprendizagem industrial – 51 escolas, de 44 municípios. As provas dos cursos técnicos ficarão por conta da Cesgranrio. São treze escolas de oito municípios.

FONTES SUGERIDAS: Célia Miraldo ou Vera de Souza, técnicas em educação da gerência educacional do Senai-SP e coordenadoras do Provei, para falar sobre os motivos da avaliação e o que pode mudar a partir dos resultados; e depoimento de empresários.

PERSONAGENS SUGERIDOS: alunos que, voluntariamente, decidiram participar do Provei.

IMAGENS SUGERIDAS: linha de montagem industrial moderna; salas de aula de escola Senai com equipamentos de ponta; flashes de estudantes realizando as provas, neste domingo, dia 25.

Em caso de interesse pela pauta, favor contatar Patrícia.
Telefone (011) 3675-5444. patrícia.ribeiro@viveiros.com.br

Matéria em HTML para alimentar sites jornalísticos e para distribuição à mídia impressa em geral. No segundo caso, os *releases* em HTML são importantes em especial quando há fotos digitalizadas.

Conheça os inimigos da internet

Quanto vale um profissional que inclui, entre seus requisitos e talentos, conhecimentos sobre como evitar ou reduzir o risco de exposição de uma empresa aos ataques dos hackers? É uma boa pergunta. A resposta é melhor ainda e pode ser encontrada em Conheça seu inimigo, *lançamento da Makron Books, selo da Pearson Education. Escrito pelo grupo Honeynet Project, o livro revela as ferramentas de segurança, táticas e motivos da comunidade hacker e ensina o leitor a desenvolver as habilidades técnicas necessárias para estudar um ataque de hackers e aprender com eles.*

Honeynet Project é uma organização de pesquisa composta por profissionais de segurança que se dedicam ao aprendizado das ferramentas, táticas e motivações da comunidade hacker/*blackhat*. Assim como acontece com os batedores militares, a missão da Honeynet Project é coletar informações valiosas sobre os inimigos: como eles atacam, quando podem atacar, o que fazem após comprometer a segurança de um sistema e por que atacam.

O livro descreve o que é uma honeynet com informações sobre planejamento, criação e manutenção de uma cobertura de riscos e outras questões relacionadas. Uma apresentação de tudo o que o projeto aprendeu sobre a comunidade hacker/ *blackhat*, incluindo a valiosa documentação de sistemas comprometidos, também são temas do livro. A obra inclui um CD com exemplos de rastreamentos (*traces*) de rede, códigos binários de sistemas e registros de ocorrências (*logs*) usados pelos intrusos da comunidade hacker, que foram reunidos e usados pelo Honeynet Project.

Reinventar-se a cada dia significa aprender sempre

Num dos artigos publicados em importantes jornais brasileiros, Carlos Alberto Júlio, presidente do HSM Group, destaca a importância de aprender sempre: "O analfabeto do século XXI não será aquele que não sabe ler nem escrever, mas o que não consegue aprender, desaprender e aprender novamente", acentua, emprestando palavras do futurista Alvin Toffler.

Ele comenta: "A competitividade da economia contemporânea exige cada vez mais de empresas e pessoas. Empreender conquistas nesta era maluca e efervescente é uma prerrogativa cada vez mais peculiar dos que têm a humildade de aprender e a sabedoria de admitir que o conhecimento adquirido nunca é o suficiente". Essa constatação confere atualidade explícita à dúvida metódica de René Descartes, compartilhada pelos verdadeiros sábios e sintetizada na antológica frase do grego Sócrates: "Só sei que nada sei..."

Todo o pensamento de Carlos Alberto Júlio sobre essa questão está no livro *Reinventando você*. Com o mesmo espírito inquieto do autor, a obra é focada no autodesenvolvimento e apresenta um texto abrangente, visão holística da realidade e exemplos práticos do mundo corporativo. Contém o que ele acredita ser a fórmula básica da reinvenção, acessível aos profissionais comprometidos com a mudança permanente e o aprendizado necessário.

O autor tem sua competência reconhecida em dois *rankings*. É um dos mais valorizados executivos do país, segundo a *Gazeta Mercantil*, e um dos vinte melhores palestrantes brasileiros, de acordo com a revista *Veja*.

"A maior constatação que obtemos na agradável leitura de *Reinventando você* é a de que devemos aceitar e acompanhar a transitoriedade das coisas e admitir que, sem contradição e mudança, não há equilíbrio na vida", afirma Chieko Aoki, presidente da Blue Tree Hotels.

◆

7 O desenvolvimento da assessoria de imprensa no Brasil

A PIOR DEMOCRACIA É MELHOR do que a melhor das ditaduras. Essa afirmação, atestada pelas verdades históricas, não pode ser preterida quando se analisa o desenvolvimento da atividade de assessoria de imprensa no Brasil. Nos anos 1960 e 1970, quando a comunicação social experimentava amplo crescimento e consolidação no mundo desenvolvido, aqui no Brasil – a exemplo do que ocorria com o universo da informação – ela era afetada pelo regime ditatorial imposto após o golpe militar de 1964.

A censura ao noticiário da mídia também deturpava a atividade de assessoria de imprensa. O jornalista que ocupava essa função – muitas vezes constrangido e premido pelas circunstâncias – desempenhava um papel diametralmente oposto às regras básicas da atividade. Em vez de agendar entrevistas, encarregava-se de desmarcá-las e impedi-las; em vez de liberar informações, era obrigado a cerceá-las; em vez de abrir, tinha, invariavelmente, de fechar portas para seus colegas dos jornais, revistas, rádios e televisões. Afinal, era a época do "Nada a declarar".

Levando-se em conta o alto grau de estatização da economia brasileira, a cultura do *esconde-esconde*, desencadeada nos gabinetes de governantes e parlamentares biônicos, contaminou rapidamente o ambiente empresarial. Criou-se uma geração de dirigentes confiantes no sucesso do cerceamento da imprensa. Num ambiente como esse, o papel da assessoria de imprensa era pouco valorizado. A técnica lícita e profissional da retórica era substituída pelo poder de *não publicar/não pôr no ar*, que também influía, em muitos casos, na decisão de *publicar/pôr no ar*.

A redemocratização brasileira, a partir de meados dos anos 1980, uma das maiores conquistas da nação em todo o período republicano, tornou obrigatório o reposicionamento de governos, empresas e instituições com relação à atividade da assessoria de imprensa. Pode-se afirmar, sem margem de erro, que, no Brasil, essa atividade foi atropelada pela ditadura justamente no momento em que iniciava seu desenvolvimento. Por isso foi necessário recuperar, em prazo recorde, o tempo perdido. Poucos são os setores da economia brasileira que apresentaram evolução – quantitativa e qualitativa – tão expressiva quanto as empresas especializadas em assessoria de imprensa.

Foi necessário – num curtíssimo prazo, inferior a duas décadas – desenvolver todo um conceito de assessoria de imprensa no país. A partir da década de 1980, numerosos jornalistas com grande experiência nos veículos de comunicação tornaram-se empreendedores, investindo talento e recursos na criação de empresas que foram pioneiras não só no estabelecimento de *know-how* atualizado e de modelos operacionais, como na mudança da cultura de relacionamento entre os sistemas sociais e a mídia.

O maior desafio que essas empresas venceram e no qual ainda estão empenhadas é justamente o de criar um novo conceito para a interação entre governos, empresas, instituições e organizações com jornais, revistas, rádios, televisões e webmídia – desafio que requer grande empenho em duas frentes: primeira, demonstrar a empresários, executivos, governantes e dirigentes classistas quanto a sua imagem e a das organizações que representam depende de um posicionamento ético e transparente com a mídia; e, segunda, demonstrar aos jornalistas e aos seus veículos de comunicação quanto é fundamental o acesso a informações não disponibilizadas para reportagem e agências de notícias. Esse trabalho de mão dupla implica fechar definitivamente as feridas das distorções abertas nos tempos da ditadura e extinguir os preconceitos, de ambos os lados, remanescentes do período de atentado à liberdade de imprensa.

Porém, é preciso que as agências de assessoria de imprensa entendam, no âmbito da nova base de relacionamento com os veículos de comunicação, que estes estão cada vez mais voltados a encantar seus clientes, como qualquer empresa inventa na alucinante economia do século XXI, e que os principais clientes dos jornais, revistas, rádios, televisões e sites jornalísticos são o público, que garante a fidelidade de outro cliente essencial: o anunciante.

◆

8 O compromisso dos veículos de comunicação com o público

PARA SATISFAZER O PÚBLICO, os veículos de comunicação procuram compreender cada vez mais os interesses e necessidades do segmento no que diz respeito à informação, conhecimento e orientação. Assim, parece óbvio na elaboração de um plano de mídia enviar, por exemplo, um *release* sobre cosméticos a uma revista feminina.

A questão, contudo, não é tão simples assim. Mesmo num caso como o do exemplo citado, o correto direcionamento do texto não significa obrigatoriamente que despertará o interesse do veículo. É preciso bem mais do que isso. É necessário que aquele material seja, de fato, interessante para o público do veículo de comunicação – e o jornalista que recebe o material avaliará isso, buscando informações complementares sobre a qualidade do cosmético, eventuais contra-indicações e outros pontos que possam prejudicar ou beneficiar o seu público. Ou seja, é necessário disponibilizar ampla informação para a mídia, o que inclui laudos técnicos, atestados laboratoriais e outros dados confiáveis que atestem qualidade e segurança.

Nos tempos atuais, esses procedimentos são tão importantes quanto evitar erros grosseiros, como enviar um *release* sobre o balanço econômico-financeiro de uma empresa para o caderno infantil de um diário...

Na verdade, uma assessoria de imprensa deve funcionar como uma verdadeira agência de notícias, pautando corretamente os veículos de comunicação, do ponto de vista temático, bem como do ponto de vista da qualidade e confiabilidade da informação. Para que isso ocorra, é indispensável entender o que precisa e deseja o público de cada jornal, revista, rádio, TV e site. Não é uma tarefa fácil, mas é essencial ao sucesso e sobrevivência num mercado cada vez mais profissional e competitivo.

A notícia – aqui entendida como um "produto" de real interesse da comunidade – é a verdadeira chama capaz de manter a vitalidade e a energia do negócio chamado assessoria de imprensa. A seguir, faremos uma reflexão importante sobre esse ponto.

◆

9 A notícia vive

A sobrevivência de um negócio, em qualquer ramo de atividade, depende de uma condição básica: a existência de um mercado, expresso por um conjunto de produtos ou de serviços específicos imprescindíveis à sociedade ou a determinado grupo de pessoas, empresas e instituições. Com base nessa premissa, pode-se afirmar que o negócio chamado "assessoria de imprensa" está mais vivo do que nunca, pois atende a um dos mais amplos e crescentes mercados deste início de milênio. Trata-se da informação, que introduz o ser humano no contexto do seu tempo, oferecendo-lhe instrumentos, cultura e conhecimentos indispensáveis para interagir no ambiente profissional e social e, sobretudo, outorga-lhe cidadania.

No entanto, o fato de a informação ter se tornado gênero de primeira necessidade nestes tempos de globalização não garante, por si só, a sobrevivência das assessorias de imprensa. Afinal, há outra condição decisiva para a perpetuação de um negócio: a eficiência e a qualidade com que as empresas atuam nos seus respectivos mercados. Assim, as assessorias sobreviventes serão aquelas capazes de atender (e se antecipar) às reais necessidades de seus clientes e, especialmente, da mídia.

Adequar-se a essas exigências implica um exercício de reflexão a respeito do verdadeiro papel da assessoria de imprensa, que é levar aos meios de comunicação notícias e informações que, de fato, interessem à sociedade ou a um grupo específico de pessoas, empresas, atividades e instituições. É necessário entender – e transmitir essa consciência aos clientes – que a mídia, que tem um compromisso ético com seu público, não se presta à veiculação gratuita de informações que não interessem ao leitor, ao ouvinte, ao telespectador, ao profissional, ao cidadão. Isso é o exercício do jornalismo institucional.

A imprensa quer notícias, prestação de serviços, novidades, dados e conceitos capazes de acrescentar, agregar, informar, formar, orientar e ajudar aqueles que lêem jornais e revistas, inclusive publicações especializadas, ou ouvem rádio, assistem à televisão e navegam na internet.

Portanto, as assessorias de imprensa, internas ou terceirizadas, devem ser verdadeiras produtoras de notícias, de artigos de fundo capazes de promover a reflexão sobre as questões nacionais e mundiais, além de pautas que possam contribuir para a missão de informar. Missão essa importante e bem-vinda, pois os veículos de comunicação e agências de notícias, por maiores que sejam, não podem mobilizar um repórter em cada empresa, organização ou instituição que tenha informações de interesse da comunidade. Esse é o principal negócio da mídia jornalística.

Os clientes das assessorias – empresas, governos, instituições, entidades de classe e organizações não-governamentais – são grandes geradores de notícias e informações úteis à sociedade e aos grupos específicos. Cumprir esse papel exige, de um lado, sensibilidade, excelência jornalística, ética e clareza no relacionamento com o cliente, para mostrar a ele o que é realmente uma notícia ou informação de interesse da mídia e da sociedade; de outro lado, também são indispensáveis a ética e a transparência no relacionamento com os jornalistas dos veículos de comunicação, dirigindo-lhes tratamento respeitoso no plano profissional e lhes oferecendo a matéria-prima de que necessitam para realizar seu trabalho, ou seja, a informação – e oferecê-la, responsavelmente, para análise e julgamento independentes, como simples contribuição à sociedade.

Também é importante, no aspecto técnico-operacional, que as assessorias respeitem as peculiaridades dos veículos de comunicação. As pautas são direcionadas: há pautas que servem ao rádio; outras que servem à televisão; há aquelas que servem aos jornais diários; mas também existem as que servem às publicações especializadas e às revistas semanais e nacionais; além de outras que servem à webmídia. Mesmo que o tema seja o mesmo, cada veículo merece um material específico, personalizado, que atenda às suas necessidades de conteúdo, abordagem e estilo.

Se o trabalho tiver como foco o compromisso ético-filosófico e a postura técnica adequada, as assessorias de imprensa demonstrarão ter plena consciência de seu papel na sociedade contemporânea – mais do que isso, darão o passo decisivo para garantir não apenas sua sobrevivência, mas também os numerosos empregos que geram para jornalistas em todo o país. Ao atuar de maneira correta, contribuem para extirpar vícios anacrônicos, como o tráfico de influência, a troca de favores, a concessão de facilidades, privilégios e presentes para jornalistas venais, que hoje, felizmente, já constituem uma espécie em extinção nas redações brasileiras.

A assessoria de imprensa que insistir nessas práticas nocivas escreverá, em vez de notícias, seu fim. Não há mais espaço no mercado para relações que resvalem para a falta de ética, que é uma triste e agonizante herança do período em que a censura à imprensa criava um caldo de cultura propício a manobras subreptícias, prática que se convencionou chamar "jabá"[2].

O caminho é claro. Basta segui-lo para garantir a sobrevivência. Mesmo que, numa hipótese remota, houvesse um colapso no mercado e o negócio "assessoria de imprensa" desaparecesse, é certo que as boas empresas do setor ainda teriam oportunidade bastante viável de manter as portas abertas: teriam de mudar a razão social e transformar-se em agência de notícias, cuja opera-

---

2   Jabá: expressão usada para denominar o que se dá a um jornalista (dinheiro, presentes ou outros favores de qualquer espécie) em troca de vantagens e espaço na mídia.

ção, atividade e natureza profissional são muito semelhantes ao escopo do trabalho realizado pelas assessorias sérias e competentes. A notícia é como a própria vida: existe, independentemente de todo o resto. A notícia vive!

◆

10 Estrutura do jornalismo institucional no Brasil

A COMUNICAÇÃO SOCIAL, de maneira didática, divide-se em publicidade/propaganda/marketing, relações públicas e atividades pertinentes ao jornalismo institucional, conforme já definimos anteriormente. Inicialmente promovida pelo segmento publicitário, a terceirização dos serviços é a tendência definitiva do jornalismo institucional no Brasil. O processo de terceirização da comunicação cresce muito no país, o que possibilita a contratação de empresas de alto nível para a realização dessas tarefas tão fundamentais, com ganho em economia e qualidade.

No contexto das grandes transformações sociopolítico-econômicas do planeta e, mais particularmente, do Brasil, a comunicação torna-se ferramenta estratégica para a conquista de resultados. Consumidor, eleitor, trabalhador, empresário, executivo, motorista, pedestre, pai, mãe, filho, profissional liberal, paulista, carioca, gaúcho, pernambucano, cearense, empregado, desempregado, aposentado, educado, culto, instruído, informado, politizado, palmeirense, flamenguista, são-paulino, vascaíno, corintiano, católico, evangélico, espírita, brasileiro... Essas qualificações e esses adjetivos gentílicos que estabelecem papéis sociais são precedidos hoje pelo substantivo *cidadão*. A sua prevalência no processo de interação social define com clareza a importância crescente da comunicação social.

É justamente esse valor – agregado à atividade pela democracia e pelos novos desafios impostos à economia com a globalização – que acelera a terceirização dos serviços. Por maior que seja uma organização, dificilmente terá o *know-how* na área da comunicação que tem uma empresa especializada. Há hoje, em nosso país, empresas de alto nível no setor de comunicação social capazes de prestar serviços de muita qualidade na área do jornalismo institucional. Além da especialização e do conhecimento prático, a contratação dessas empresas é vantajosa para qualquer organização – do contrário teriam de investir um capital expressivo em recursos humanos, equipamentos, *software* e *hardware* para montar e manter um departamento de comunicação com a estrutura e competência exigidas pelo mercado, isso sem mencionar a amplitude geográfica de atuação.

Esse conjunto de empresas, especialmente as que praticam o conceito de terceirização interativa, desempenha um papel muito importante no Brasil contemporâneo: dizem que "mentira repetida seguidamente torna-se uma verdade". Isso, sem nenhuma dúvida, é profundamente injusto com aqueles – pessoas físicas ou jurídicas – que procuram os bons caminhos. Pois bem: ao jornalismo institucional, exercido com ética e competência, cabe a missão de contribuir para que o desenvolvimento do Brasil, de suas empresas e instituições, tenha como parâmetro um conjunto de verdades. A verdade da eficiência, a da qualidade, a do moderno, a do sucesso, a da produtividade, a da rapidez e segurança, a da correção de princípios e procedimentos, a da cidadania. Enfim, apenas a verdade. Empresas e instituições que ignorem esses valores não sobreviverão ao mundo globalizado.

◆

11 Desafios a serem vencidos

A COMUNICAÇÃO SOCIAL NO BRASIL, em seu conceito genérico, está consolidada. Há, no entanto, alguns obstáculos a serem superados para que ela experimente o processo de desenvolvimento. O primeiro deles é a conscientização, de modo amplo, de empresas, governos, instituições e entidades de classe sobre o papel absolutamente decisivo da comunicação como ferramenta estratégica para a conquista de resultados.

Podemos apontar casos práticos para termos idéia mais clara da importância crescente da comunicação. As empresas estatais têm uma imagem genérica negativa. No contexto da opinião pública, são ineficientes, inchadas e deficitárias. Existem, porém, estatais exemplares. Entre essas, há as que dispõem de políticas eficientes de comunicação e, por isso, são identificadas como raras e honrosas exceções; há também as que, embora eficientes, não se comunicam adequadamente e, por isso, figuram, perante a opinião pública, na vala comum da incompetência.

Outro desafio a ser vencido – este mais específico do segmento jornalismo institucional – é referente à formação dos profissionais. O problema começa na deficiência do ensino básico, estende-se ao segundo grau e culmina na universidade. As deficiências da educação brasileira tornam-se aparentes no exercício profissional do jornalismo, de maneira geral. Erros gramaticais, textos sem coerência e com forma e conteúdo confusos têm sido marcas negativas da atividade. Esses problemas manifestam-se diretamente no jornalismo institucional. Muitos *press releases* de conteúdo importante deixam de ser aproveitados pela má qualidade da escrita.

É preciso considerar, ainda, uma falha curricular genérica – com raras e honrosas exceções – das faculdades de comunicação que, invariavelmente, não incluem a disciplina específica de jornalismo institucional. Levando-se em conta a crescente importância da atividade, conforme já apontamos, o ensino superior não pode continuar ignorando a necessidade de lhe conferir tratamento mais adequado.

Em que pesem esses desafios por vencer, podemos considerar como boas as perspectivas da comunicação social no Brasil. O mercado, já definido pela terceirização, deverá tornar-se mais amplo, porém muito seletivo. A exemplo do que ocorre em todos os demais setores de atividades, exige-se cada vez mais qualidade e eficácia na área da comunicação e, mais especificamente, do jornalismo institucional. Serão vencedores nessa atividade profissionais e empresas que ofereçam serviços eficientes e, sobretudo, que sejam capazes de entender as transformações por que passam o mundo e o Brasil. Conquistarão sucesso aqueles que tiverem plena consciência de que o seu trabalho, que consiste em *comunicar*, é fundamental para que, no novo milênio, o ser humano possa desfrutar de um mundo melhor, mais justo e solidário.

◆

12 Gerenciamento de crises

ESSE É UM NOVO TERMO para definir a solução de um antigo problema: como preservar e/ou recuperar a imagem de uma organização que enfrenta dificuldades de qualquer ordem, perante a mídia e a opinião pública (externa e interna). O gerenciamento de crise implica análise em profundidade do caso por parte dos profissionais de comunicação e do *board*, bem como assunção dos erros cometidos, formulação de justificativas e até mesmo pedido de desculpas. Por fim, exige exteriorização do conteúdo para a sociedade, por meio da mídia, e para o público interno da organização, pelo uso de meios como *house organ*, revista, boletim, comunicado, intranet etc.

É fundamental, num momento assim, resgatar a verdade, evitar mentiras e explicações irreais. Para corrigir um erro ao qual toda organização está sujeita, nada melhor do que a humildade de um pedido de desculpas, uma solução honesta para reparar o erro e o comprometimento de uma efetiva mudança na postura.

O gerenciamento de crise, do prisma da comunicação social, não é um elemento novo. Desde que as empresas se estruturaram no capitalismo, foi preciso administrar crises. Hoje, a valorização da cidadania e a crescente responsabilidade social das organizações tornam ainda mais essenciais condutas corretas por parte de todos. Assim, qualquer fato que lese a imagem institucional tem maior gravidade do que no passado e, por isso, o gerenciamento de crises ganhou novo significado. Atualmente, já não é possível relacionar-se de maneira pouco transparente com a sociedade.

As atividades de comunicação desenvolveram-se de modo mais intenso e profissional a partir de meados do século passado, nos Estados Unidos e Europa. No Brasil, a atividade ganhou mais força a partir da década de 1960. Portanto, o gerenciamento de crises – independentemente do nome que receba a cada momento – sempre foi um dos itens do trabalho relativo à comunicação social. É claro que, como qualquer ação, desenvolveu novas ferramentas tecnológicas e culturais, de acordo com a evolução. Hoje, o gerenciamento de crises, conforme o "tamanho do estrago", pode contar com um site interativo na internet, ou até mesmo um *call center* à disposição 24 horas por dia para responder a um conjunto de consumidores e fazer a impressão digital de dados variáveis, que permite enviar o mesmo material informativo, com o nome personalizado do consumidor lesado, a milhões de pessoas.

Essas são medidas que se aplicam toda vez que uma empresa, organização ou entidade se expõe de modo negativo à opinião pública. Solucionar o problema, nesses casos, torna-se sinônimo de sobrevivência. Tal situação se tornou cada vez mais efetiva à medida que evoluíram os conceitos de democracia, cidadania, responsabilidade civil e consciência ética. A empresa ou organização que não respeita o cidadão, o consumidor, a ética, o ambiente, os preceitos corretos, as minorias, a sociedade e a nação está automaticamente condenada ao desaparecimento.

A crise surge, portanto, quando qualquer um dos valores citados é subvertido ou desrespeitado, ou seja: quando a empresa burla, prejudica ou causa dano físico ou moral ao consumidor; quando desrespeita qualquer princípio da cidadania e das leis; quando contamina o meio ambiente; quando assume atitude desrespeitosa com a sociedade ou com um grupo; quando age com desonestidade; e quando aplica golpes na praça.

Também pode ocorrer um pedido de concordata ou falência. Nem sempre a empresa que passa por essa condição é culpada pelo problema. Provar sua inocência, na eventualidade de uma acusação de concordata fraudulenta, por exemplo, é uma tarefa dos advogados, no plano da Justiça, e do profissional de comunicação, no caso da mídia, da sociedade e do público externo. Em casos assim, é preciso haver grande sinergia entre todos os profissionais envolvidos. Além disso, não se pode desprezar o fato de que ocorrem calúnias e campanhas de difamação contra empresas e organizações inocentes, o que é uma situação bastante triste do ponto de vista humano. Também nessas ocasiões configura-se uma situação de gerenciamento de crise.

Muitas vezes, gerenciar uma crise não significa apenas elaborar ações no relacionamento direto com a mídia, mas também trabalhar no sentido de mudar o comportamento da empresa que tenha causado essa situação. Peguemos o exemplo de uma grande fábrica de automóveis que tenha de convocar milhares de consumidores para trocar os pneus de toda a linha de utilitários de determinado ano de fabricação. A assessoria de comunicação da empresa precisa interagir com os operários da linha de montagem, com os controladores de qualidade e com todo o pessoal da companhia que forneceu os pneus. Não bastaria apenas pedir desculpas, ir à mídia e convocar os consumidores para a troca gratuita. Seria necessário, sobretudo, agir para impedir a repetição do erro, pois em situações de reincidência não há comunicação social capaz de operar milagres...

Assim, para cada caso deverá ser elaborada e executada estratégia própria e adequada. É claro que há estratégias conhecidas e que já provaram sua eficácia, mas em comunicação nunca existe um modelo pronto para cada quadro – é preciso, sempre, muito trabalho, criatividade, capacidade de superação e profissionalismo. Cada ocorrência deve ser tratada tendo em vista cuidadosos critérios e caráter personalizado.

A falta de ética – no poder público, no setor privado e na sociedade – é um dos fatores que mais geram crises no mundo contemporâneo. O ético não mente, não rouba, não lesa, não desrespeita os direitos do próximo. Não é sem razão que a ética, a moral e os costumes são a própria base filosófica das leis e da Justiça. As religiões primitivas, que estabeleciam o arcabouço das normas sociais de comportamento e vida coletiva, são excelente testemunho disso. Toda vez que falta ética, cria-se um problema – até porque é possível enganar algumas pessoas por algum tempo, mas não enganar todas o tempo todo.

O gerenciamento da crise pode ser feito sob a luz ou sob a ausência da ética. Infelizmente, ainda há aqueles que, diante de um ato errado de uma organização, cometem outros erros, inclusive o da mentira, para "corrigir" o problema perante a mídia e a opinião pública. Soluções desse tipo, além de absolutamente condenadas sob o prisma da ética profissional, acabam desmoralizadas ao longo do tempo. A mentira – apesar da internet, do digital, da inteligência artificial, dos clones e das tecnologias mágicas do século XXI – continua tendo pernas curtas.

Devemos acreditar e contribuir para um mundo melhor em que empresas, organizações, pessoas e a própria sociedade tenham a ética como parâmetro, o senso de justiça como pressuposto e a harmonia social, o respeito à cidadania e o desenvolvimento como objetivos. Para os competentes e sérios profissionais e empresas de comunicação social, a ausência/redução de crises a serem gerenciadas seria um sintoma muito positivo, uma prova de que os conceitos valorizados pelos seus clientes – ética, probidade e condutas corretas – estariam se disseminando com mais generosidade.

◆

13 Não basta parecer, é preciso ser...

É INSUFICIENTE CONTRATAR um profissional ou uma agência de comunicação para melhorar a relação entre a empresa/organização e seus públicos interno e externo. Dessa falsa premissa surgem complexas crises a serem administradas no plano da comunicação social.

Antes de tudo, é imprescindível existir na empresa a vontade política sincera de seus dirigentes em manter um relacionamento mais transparente e ético com os funcionários, a comunidade, os fornecedores, os clientes e todo o universo social, bem como de entender seu papel na sociedade. Quando há essa determinação preestabelecida, um bom profissional e/ou assessoria de comunicação certamente conseguirá realizar excelente trabalho com reflexos na produtividade, qualidade e resultados comerciais. No entanto, quando as metas de comunicação de uma empresa são apenas um discurso vazio, o profissional ou assessoria de comunicação encontrará incontáveis barreiras para realizar seu trabalho. Se houver muita ideologia e determinação, é verdade que até será possível conseguir alguns avanços, mas o desgaste com os dirigentes será sempre muito grande. Nesses casos, a regra básica é a substituição sumária do profissional ou da assessoria.

A informação é um dos instrumentos mais importantes no contexto de uma empresa. Mas é precedida por outros valores, especialmente a ética. A empresa ética sempre saberá utilizar a informação de modo adequado, não só para sua gestão e seu avanço no mercado, como também para obter melhor relacionamento com os funcionários, com o público externo e com toda a sociedade; o correto aproveitamento da informação reduz o risco de crises. Sob o domínio de empresas sem ética, a informação pode constituir-se em elemento negativo (para clientes, fornecedores, consumidores, mercado e, mais cedo ou mais tarde, para a própria empresa).

Não se pode mais tratar a comunicação com empirismo. É necessário planejar e desenvolver uma política de comunicação social personalizada para cada empresa ou organização, respeitando seus valores, suas metas, estratégias e políticas. No mundo globalizado, de competitividade muitas vezes predatória, não há mais faixas de atuação agrupando as grandes, médias, pequenas e microempresas na luta pelo consumidor. Hoje conquista mercado a empresa que souber entender melhor o mercado, antecipar as expectativas do consumidor, ter o foco mais adequado à realidade do negócio, proporcionar maior qualidade e menor preço, e, acima de tudo, ter velocidade e segurança operacional. Na economia contemporânea, a pequena tira cliente da grande, a média tira da pequena, e a grande tira da média. Ou seja, a marca pesa muito, mas também conta a versatilidade na comunicação.

O primeiro passo nesse sentido é realizar ampla pesquisa em duas vertentes. Uma é a auditoria de imagem perante clientes, fornecedores, parceiros e a comunidade na qual a empresa está inserida, para verificar qual sua real imagem e para confrontá-la com a imagem pretendida, aquela que efetivamente deseja ter. A outra é a auditoria de comunicação interna, para verificar o nível de satisfação dos funcionários, se eles acham que são ouvidos ou que têm canais eficientes com a direção, como se comunicam horizontalmente, se existe uma tendência de criar "tribos" e promover competição exacerbada, redundando em falta de sinergia e senso de equipe e ausência de colaboração.

Com todas essas informações, a empresa terá melhores condições de realizar uma política eficiente de comunicação e contratar agências de publicidade e/ou assessoria de imprensa/comunicação para trabalhar a imagem externa e interna. Outra alternativa é estruturar um departamento próprio de comunicação que irá ou não terceirizar os serviços, conforme as necessidades.

14 *Media training*, a conscientização do cliente

É DE FUNDAMENTAL importância oferecer ao cliente o devido treinamento para que se relacione bem com a imprensa. Ministrar esse treinamento é obrigação da assessoria de imprensa. O *media training* deve ser realizado logo no início do atendimento à conta e deve abranger duas etapas. A primeira é imprescindível: capacitação da qual devem participar, principalmente, os profissionais que terão contato com a mídia – porteiros, telefonistas, recepcionistas, secretárias e gerências. Esse curso demonstrará como comportar-se no atendimento telefônico e recepção de jornalistas na empresa, como encaminhar os pedidos da mídia à assessoria de imprensa, como se posicionar quando abordados abruptamente por um repórter, além de uma visão geral sobre o funcionamento dos diferentes veículos de comunicação (mídias impressa e eletrônica).

A segunda etapa, requisito para pessoas inexperientes na comunicação com a imprensa ou que desejem se aperfeiçoar como interlocutores de uma organização, é mais detalhada e técnica. Consiste no treinamento prático dos executivos para a concessão de entrevistas e lhes mostra também como respeitar as características de cada uma das mídias (jornais diários, revistas, rádios e televisões). Os participantes passam por entrevistas simuladas, com comentário crítico sobre a sua atuação. No caso de coletiva ou entrevista individual cujos temas sejam delicados, deve-se simular previamente a situação.

O capítulo a seguir traz um modelo de treinamento de relações com a imprensa e foi elaborado pela Ricardo Viveiros – Oficina de Comunicação.

◆

15 Manual de treinamento do cliente para uma boa relação com a imprensa

O JORNALISTA É PEÇA FUNDAMENTAL para que o conhecimento e a orientação da fonte atinjam toda a sociedade, contribuindo para que o brasileiro tenha melhor e mais adequado nível de informação sobre as instituições privadas que constituem as forças produtivas do país.

Assessoria de imprensa

O que é e para que serve?
A grande maioria das empresas, órgãos governamentais e instituições onde há pessoas trabalhando possui uma assessoria de imprensa interna ou terceirizada. A assessoria de imprensa é o elo entre a empresa/entidade/organização e os veículos de comunicação: jornais, revistas, rádios e TVs. Compete a ela administrar as informações jornalísticas da empresa, de maneira a atingir positivamente os interesses internos (empresa) e os externos (imprensa).

Quais são as etapas de um trabalho de assessoria de imprensa?
Primeiramente, há uma coleta detalhada de dados sobre o assunto a ser divulgado. Depois, elabora-se um texto, com forma, estilo e linguagem jornalísticos, ao qual denominamos *release*. Após sua aprovação pela empresa e/ou o profissional responsável pelas informações, o texto é submetido à análise pelos jornalistas dos veículos de comunicação, de acordo com as áreas de interesse – ou seja, por editorias nos diferentes veículos.

O que deve ser contado para a assessoria de imprensa?
O assessor de imprensa é seu parceiro e a função dele é facilitar sua comunicação com a mídia e, portanto, com o grande público.

É fundamental que você forneça à assessoria de imprensa apenas informações verdadeiras, dados estatísticos precisos e orientação didática de cada tema a ser repassado à mídia.

É importante que o profissional de ligação tenha consciência de que, durante esse processo, sua sinergia com a assessoria de imprensa é muito importante para que ele próprio e a organização para a qual trabalha tenham uma imagem positiva na mídia.

> *Quanto mais precisas e verdadeiras forem as informações, maiores são as chances de a matéria ser colocada positivamente na imprensa.*

Os veículos de comunicação

Como funcionam?
Para facilitar, vamos dividir os veículos de comunicação em:

- Rádio: mídia eletrônica
- TV: mídia eletrônica
- Jornal: mídia impressa
- Revista: mídia impressa
- Internet: mídia virtual

Cada um desses veículos tem rotinas diferentes de trabalho. Vejamos:

RÁDIO • está no ar durante 24 horas. As entrevistas podem ser gravadas ou "ao vivo", pessoalmente ou por telefone. Dependendo do assunto abordado, a entrevista poderá ser marcada antecipadamente. Mas, em alguns casos, o retorno precisa ser imediato. Existe, ainda, a possibilidade de entrevistas no próprio estúdio da emissora.

As respostas devem ser sempre objetivas, com uma pequena pausa entre as palavras para que fiquem claras e possam ser entendidas pelos ouvintes. As frases longas não funcionam, especialmente quando se coloca o sujeito no início e o predicado no final – perdem o sentido para quem está escutando. Arredondar números, fugir das siglas, evitar expressões muito técnicas que não serão entendidas de imediato são, nas entrevistas radiofônicas, práticas positivas. É interessante, haja vista que o público do rádio é rotativo, voltar ao núcleo do tema durante diferentes momentos da entrevista, mas utilizando novas abordagens.

> *O Brasil está inteiramente coberto pelas ondas do rádio, que desperta e acompanha até a hora de dormir, todo o tempo, o seu ouvinte. O rádio atinge audiência média nacional de 105 milhões de pessoas, com 18 horas de programação média "no ar".*
> *Não há casa sem rádio e, nos carros, são 85% os que dispõem desse meio de comunicação. O rádio é o meio de maior penetração popular, muito provavelmente pela sua ênfase na prestação de serviços.*

TV • a equipe de jornalismo, embora funcione em esquema de plantões, só é acionada fora dos horários normais em casos de extremo interesse público. As entrevistas podem ser gravadas ou "ao vivo", no local do acontecimento ou no próprio estúdio. Vale lembrar que à televisão só interessa o que tiver imagem para sustentar o assunto. A roupa do entrevistado e o local da entrevista requerem muita atenção. Tecidos quadriculados, pontilhados e listrados são inadequados, porque ocasionam efeitos na tela, roubando a atenção do telespectador. Quanto mais neutra a roupa, melhor. Tons escuros remetem à austeridade; tons claros, à transparência. O local escolhido para a entrevista, no caso de indústria, comércio, serviços e área agrícola, deve levar em conta condições de higiene, segurança e ordem em geral. O entrevistado, se técnico, deve usar uniforme e apresentar aparatos de segurança exigidos por lei.

Nas entrevistas às rádios e TV, as respostas têm de ser objetivas e rápidas e o tempo ideal varia de dez a quinze segundos para que não sofram cortes de "edição" – caso contrário, o significado da resposta pode ser alterado radicalmente. De acordo com a jornalista Mônica Waldwogel, "do ponto de vista da televisão, o melhor entrevistado é aquele que consegue em vinte segundos falar o que precisa. Não mais do que isso. Em vinte segundos, você fala quatro ou cinco frases". Esse comentário, sem dúvida, serve também para o rádio e para a webmídia. Boas frases, curtas e de impacto, muito provavelmente serão utilizadas no encerramento da edição.

> *A televisão, no Brasil, tem programas que atingem cerca de setenta milhões de pessoas. Pela sua característica de trabalhar com pouco tempo, a televisão é, na maioria das vezes, obrigada a dar tratamento superficial à notícia. Assim sendo, privilegia o nível do entrevistado – ou seja, prefere pessoas muito qualificadas e de instituições igualmente reconhecidas pela excelência. Erros ou acertos são os temas básicos e não há muito espaço para informações periféricas. Os programas jornalísticos têm conquistado, a cada dia, mais espaço e maior possibilidade de tratar os temas abordados – sempre numa linguagem simples, direta e concisa.*

JORNAL • os jornais diários, ao contrário das TVs e rádios – que possuem vários noticiários durante todo o dia –, trabalham com uma única edição diária e por isso têm carga maior de tarefas e tempo bem mais restrito. Matérias especiais exigem tempo maior para serem elaboradas. Nesses casos, a entrevista pode até ser marcada com antecedência. Porém, na sua grande maioria, a matéria deve ser concluída no mesmo dia e a entrevista, conseqüentemente, poderá ser realizada por telefone. O jornal deve apresentar um leque de informações que, normalmente, são inadequadas à forma, estilo e linguagem da mídia eletrônica. Por exemplo: gráficos, planilhas, estudos.

> *Embora o índice de circulação de jornais em nosso país seja aparentemente baixo (cerca de 45 mil exemplares para cada mil habitantes), os seus leitores integram um seleto grupo que se convencionou chamar de "formadores de opinião". Essa circunstância garante, portanto, a amplitude de circulação das notícias e opiniões veiculadas pela mídia impressa. Os jornais são, por assim dizer, lidos pela elite, pelas "pessoas que importam", como dizem alguns analistas.*

REVISTA • temos as semanais, as quinzenais, as mensais, as bimestrais e até mesmo as trimestrais. Com exceção das semanais/quinzenais, que possuem tempo mais limitado para o fechamento de matérias, os demais veículos trabalham com prazo maior e as entrevistas são pessoais e marcadas com antecedência. O rádio transmite na hora, a TV mais tarde, o jornal no dia seguinte e as revistas, na melhor hipótese, no final de semana seguinte. Assim sendo, o tratamento da notícia é diferente do que é dado nos demais veículos. A revista aprofunda mais o tema, analisa suas repercussões, aponta fatos históricos, busca referências técnicas e científicas, faz comparações internacionais. Isso possibilita que as revistas disponibilizem um maior e mais profundo conteúdo sobre o tema abordado.

> *As revistas têm experimentado um real crescimento no Brasil e, atualmente, são editados periodicamente cerca de mil títulos. O segmento das revistas técnicas ou especializadas é tão desenvolvido quanto é instável, em razão de questões econômicas. Há uma infinidade de publicações sobre os mais diferentes temas que apresentam relativa qualidade editorial e gráfica, fruto do nível de exigência cada vez maior dos leitores – na verdade, consumidores conscientes de seus direitos, que encaram a mídia como outro produto qualquer.*

Os jornais e as revistas têm, ainda, um aspecto relevante que não deve ser esquecido. São veículos que, normalmente, pautam outros – em especial, rádios e televisões. Uma simples nota publicada em uma coluna, um artigo assinado ou um comentário de um entrevistado podem gerar novas matérias, com novas abordagens e até mais amplas, mais destacadas em outros veículos.

> *De modo geral, o jornalista trabalha sob grande pressão e com escassez de tempo. Ora ele está na redação escrevendo, ora no corre-corre atrás de informações para compor sua matéria, e, na maioria das vezes, repentinamente, é escalado para cobrir um fato de repercussão nacional que acaba de acontecer. O profissional tem de avaliar o momento e verificar se existe ou não a possibilidade de realizar uma entrevista, uma visita pessoal e a entrega do material de divulgação.*

Vale ressaltar que se devem evitar visitas às redações após as 16 horas. Os profissionais não vão dispor de tempo para atendê-lo porque estarão em fechamento de edição. Preferencialmente, tente marcar uma hora com o jornalista; é importante facilitar ao máximo o desenvolvimento da matéria.

INTERNET • a maior rede de computadores do planeta é, hoje, uma mídia que não pode mais ser preterida. Trata-se de um canal muito eficaz para a divulgação, tanto de trabalhos científicos produzidos pelo profissional quanto de textos institucionais das organizações. A preparação, organização e edição de textos para home pages podem ser aprimoradas com o auxílio da assessoria de imprensa. É bom lembrar que, nessa mídia, a modernidade dá o tom à linguagem, portanto, além das recomendações feitas à mídia eletrônica, na webmídia deve-se estar atento para a realidade da comunicação on-line e suas implicações – por exemplo, o entrevistado deve estar apto a dar respostas rápidas a perguntas imprevisíveis e de toda natureza.

> *Pode, para alguns menos informados, parecer que a webmídia ainda não conquistou a importância e a penetração dos demais meios de comunicação. Grande erro. O Brasil é o "país dos internautas", com o maior índice de acesso à internet do planeta. O fato de a grande maioria das pessoas não possuir micro em casa conduz ao equívoco de não reconhecer o uso deles no local de trabalho e nos milhares de cibercafés espalhados pelo país (a rede McDonald's é um dos muitos exemplos). No mercado financeiro, por exemplo, a informação virtual é o que está influenciando a compra e venda de ações e a cotação do dólar. A pressa imposta pelo tempo real e a condição de acumular desde a função de repórter até a de editor fazem*

> *do jornalista da webmídia um profissional cujo tempo é ainda menor do que aquele que os seus colegas têm. Portanto, informações rápidas, curtas, ricas em conteúdo e ineditismo são bem-vindas nesse meio.*

Mídia alternativa

Além dos veículos da grande imprensa e da internet, anteriormente citados, existe a chamada mídia alternativa. Esse importante segmento da comunicação moderna é representado por revistas, jornais, boletins e *fax papers* editados por empresas, entidades de classe, órgãos governamentais, sindicatos, associações, ONGs e outras instituições.

Mas atenção: jamais se deve menosprezar a importância e o poder de comunicação dessas publicações. Dependendo da mensagem e do público a ser atingido, uma informação tem mais força num veículo alternativo do que na grande mídia. Exemplo: um texto científico, de interesse específico para uma categoria profissional, certamente terá divulgação mais eficiente se publicado num pequeno informativo de sua entidade de classe do que se divulgado num telejornal.

A notícia

Como identificar uma boa notícia?
Para a grande maioria dos veículos de comunicação, uma boa notícia (que nem sempre é boa para o entrevistado) é aquela que traz algum fato inédito ou peculiar, que seja de interesse geral para a população.

No caso de nutricionistas, só para exemplificar, a boa notícia para a imprensa apresenta muitas vertentes, por exemplo: informações voltadas à melhoria do hábito alimentar; orientação sobre a dieta usual em diferentes segmentos da população, como diabéticos, portadores de colesterol, crianças desnutridas etc.; alimentos que podem causar (ou agravar) determinadas doenças; repercussão de fatos e/ou problemas relacionados a alimentos, como a intoxicação de crianças em determinada creche, falta de merenda escolar etc. Em tempos difíceis, nos países em desenvolvimento, a boa notícia do setor pode, ainda, estar relacionada com o uso de alimentos mais baratos e com maior valor nutricional – cardápios baratos e fortes.

A boa notícia, em sua concepção técnica para o jornalista, pode ser espontaneamente repassada à mídia pelo profissional, com o auxílio da assessoria de imprensa. Em outras oportunidades, a própria imprensa procurará a fonte para repercutir algum fato importante (positivo ou negativo), que pode, inclusive, envolver a organização para a qual ela trabalha.

Quando o profissional for procurado pela imprensa para repercutir um fato externo à sua organização, deve atender à mídia com rapidez, atenção, cordialidade e informações precisas. O mesmo procedimento deve ser adotado quando for procurado para dar explicações sobre um eventual fato negativo que envolva a organização para a qual presta serviços.

Em qualquer caso, nunca deixe de buscar ajuda da assessoria de imprensa.

O que é ação preventiva na área de comunicação?
Cabe ao profissional detectar, na sua rotina diária de trabalho, os possíveis focos geradores de problemas. Sempre que houver algum fato polêmico, denúncia ou ameaça de escândalo na imprensa, é preciso manter a calma e informar, de pronto, o seu superior imediato e a assessoria de imprensa. Esse tipo de postura profissional contribui para que sua área de atuação caminhe sempre bem, além de evitar desdobramentos negativos no que diz respeito à opinião pública.

O papel da assessoria de imprensa não é o de censurar, esconder, omitir ou "maquiar" a informação, por mais grave que ela seja, mas, ao contrário, de orientar para o compromisso com a verdade, para o respeito à sociedade e para a importância no exercício ético da comunicação. Nesses casos, a assessoria de imprensa, além de garantir o cumprimento de tais valores, vai organizar e respaldar o processo das relações com a mídia, com velocidade e qualidade. No papel de interlocutor gabaritado, a assessoria de imprensa harmonizará o diálogo entre as partes envolvidas, privilegiando o caráter técnico do trabalho.

O entrevistado

■ DICAS PARA UM BOM RELACIONAMENTO COM A IMPRENSA

Cada empresa ou instituição, dentro da sua política para o setor, deverá determinar quem fala por ela. Preferencialmente, no aspecto institucional, deve falar o presidente ou o responsável pela área de relações corporativas. No tocante aos produtos e serviços, podem também falar os responsáveis pelas diferentes áreas e, ainda, alguns técnicos escolhidos por dominar determinados temas. A figura do "porta-voz", especialmente no caso de ser o assessor de imprensa, pode existir, mas não é prática moderna e desestimula o jornalista. Os profissionais da empresa, escolhidos para representá-la, deverão passar pelo *media training* geral e, a cada tema, por um específico. É interessante, após a veiculação de cada matéria, promover um debate analítico do resultado veiculado para eventual correção e melhoria de performance futura do entrevistado.

Quando o jornalista for à sua empresa e/ou instituição para a entrevista, alguns detalhes são muito importantes. A assessoria de imprensa, ou você mesmo, deve esperá-lo à porta principal, acompanhá-lo até o local da entrevista e permanecer durante toda a sessão de fotos, se houver. Conversas de corredores, elevadores, recepções e na própria sala da entrevista, inclusive ao telefone (fixo e móvel) devem ser evitadas. A mesa deve estar arrumada, naturalmente. A entrevista não deve ser interrompida e não deve haver insistência para oferecer ao jornalista o que ele já tiver recusado em princípio (café, almoço etc.). As bebidas alcoólicas, mesmo que no final da tarde de uma sexta-feira véspera de feriado, também não devem ser oferecidas. O mesmo cuidado há de se ter com os brindes; nada de muito valor deve ser oferecido, mesmo que tenha sido fabricado ou comercializado pela própria empresa.

Fotos merecem mais atenção do que se imagina. Geralmente, quando feitas em outro dia que não o mesmo da entrevista, quando o entrevistado está bem mais descontraído e, por conseqüência, desconcentrado, podem trazer surpresas desagradáveis. Procure estar acompanhado da assessoria de imprensa nesse momento, já que é importante entender (e valorizar) que o fotógrafo é, também, um repórter. Geralmente, o fotógrafo está igualmente pautado e procura "produzir" a sessão. Sem maiores preocupações, tímido ou vaidoso, o entrevistado apenas quer se livrar da tarefa e aceita todas as sugestões do fotógrafo. Fotos tiradas de perfil, de baixo para cima, rindo, com poses de mãos no queixo ou na cintura, de braços cruzados ou com um pé sobre alguma coisa, quando próximas ao texto, olho e título da matéria, podem transmitir para o leitor muitos aspectos que não são interessantes para a imagem do entrevistado e da empresa. Lembre-se, ainda, de que essas fotos, inclusive as não utilizadas nessa específica matéria, ficarão no arquivo do veículo e, em outras oportunidades (às vezes não tão positivas), serão aproveitadas. Portanto, muito cuidado com as brincadeiras. Mesmo que, aparentemente, tenha acabado a sessão de fotos, jamais faça caretas e/ou piadas com o logotipo ou produtos da empresa. Atitudes de descontração natural, em confiança, muitas vezes são também fotografadas e, no futuro, sacadas de arquivo para ilustrar um texto sobre uma crise, por exemplo. Isso coloca sua credibilidade pessoal em jogo e, por conseqüência, a seriedade da própria instituição que você representa.

Sempre atenda com simpatia, boa vontade, transparência e de maneira natural a imprensa. Tenha por princípio que qualquer entrevista é importante para você e para a empresa/entidade/organização para a qual trabalha. Numa ocasião futura, é possível que você necessite desse mesmo repórter ou veículo para divulgar uma informação de seu interesse. Não se deve dar valor demais, nem de menos, à presença do repórter. O equilíbrio emocional e a neutralidade são fatores importantes. O repórter é um profissional, como você, e deve ser tratado assim, de igual para igual.

Não deve existir preconceito com relação ao veículo que solicita a entrevista. Lembre-se de que, na pior hipótese, a matéria vai atingir milhares de pessoas. Na imprensa, pela sua peculiaridade e abrangência, não há limites. Além disso, o repórter que hoje trabalha num modesto jornal de bairro poderá, amanhã, ser um editor com poder de decisão em outro veículo de maior abrangência e importância da chamada mídia básica. Se você o atendeu corretamente quando ele começava a carreira, terá sempre crédito com ele. O mercado de trabalho para jornalistas é, de maneira geral, pequeno e, sendo assim, os mesmos profissionais alternam os mesmos veículos existentes na mídia impressa e eletrônica do país. Não transfira para o jornalista uma eventual antipatia que você tenha pelo veículo que ele representa, porque isso vai prejudicar o andamento da entrevista e contatos futuros. Da mesma maneira, se você admirar o veículo, pode parecer um modo de cooptá-lo. Não faça comentários críticos a nenhum veículo de comunicação nem a respeito dos profissionais do setor. Não mencione outras entrevistas já concedidas por você – restrinja-se ao tema e, preferencialmente, às perguntas feitas.

Tente não se atrasar para a entrevista. Lembre-se de que, na maioria das vezes, o repórter ainda tem de voltar para a redação e escrever a matéria que será publicada no dia seguinte. Ou, no caso da mídia eletrônica, levar a gravação e ainda editá-la, antes de colocá-la no ar. Caso o repórter se atrase, ainda assim, se possível, tente atendê-lo e com disposição para tal – muitas vezes o atraso não foi descuido, o dia-a-dia desses profissionais é muito complicado, em especial nas grandes cidades.

Seja claro e objetivo. Procure apresentar um panorama do tema da entrevista para que o repórter possa entender melhor o assunto e, posteriormente, exponha os seus pontos de vista um a um. Isso evitará erros na edição da matéria. Observe, discretamente, a velocidade na qual o repórter faz as anotações. Procure, de modo sutil, regular a intensidade de suas explanações ao ritmo do profissional que o está entrevistando. Isso, além de evitar problemas quanto à exatidão, facilita a compreensão perfeita do repórter.

Falar sobre assuntos que não se dominam é sempre muito perigoso. Estude, antes, minuciosamente, os números, as estatísticas e o tema da entrevista. Respostas evasivas não serão levadas em consideração pelo jornalista. Evite respostas "por alto", "mais ou menos", "aproximadamente", "só para ter uma idéia". Procure encontrar, mesmo que precise buscar auxílio de outras pessoas, as informações precisas, completas.

Mantenha a calma mesmo diante de perguntas mais capciosas. Reagir de maneira áspera não é a melhor conduta – nem no momento e muito menos para o futuro. O *Manual de redação* do jornal *O Globo* afirma: "O repórter é um curioso, movido permanentemente pelo desejo de saber o que acontece e de entender por que aconteceu. Se não for assim, está na profissão errada. E não basta querer saber: é preciso saber tudo, e ter a obstinação de saber certo". Em nome desse compromisso profissional, o repórter muitas vezes transpõe a fronteira técnica e ética – se você não perder a calma vai demonstrar segurança e, naturalmente, o repórter o respeitará.

Não desanime caso sua entrevista de duas horas tenha sido publicada em apenas duas linhas. O fato de conseguir um espaço na imprensa já é um grande lucro. Na maioria das vezes, o jornalista faz muitas perguntas apenas para entender o assunto com mais profundidade e não cometer falhas de interpretação na hora de redigir a matéria. Lembre-se de que as informações não utilizadas hoje poderão ilustrar outra matéria no futuro, e um ponto importante: o repórter faz a entrevista, mas o tamanho, título, olho, destaque e chamada de capa – até mesmo se a matéria será publicada ou não – não são aspectos e fatores que estão sob o controle dele. O contexto editorial das redações tem a sua hierarquia, ou seja, são os editores e diretores de redação quem decidem o resultado final de qualquer contato jornalístico de seus subordinados.

Evite responder com termos essencialmente técnicos, que só os profissionais da área poderão entender. Seja simples, sem ser simplista. Utilize um vocabulário que permita o entendimento pela maioria. Nesses casos, evite perguntar "entendeu?". O melhor é, a cada manifestação muito complexa, depois "traduzir" a informação em linguagem inteligível a todos.

Comece a responder apenas quando tiver plena certeza de que entendeu o que lhe foi perguntado. Caso contrário, não fique constrangido em solicitar que o repórter repita ou esclareça melhor a pergunta. Ele não vai pensar que você é despreparado para a entrevista, e sim que está diante de uma pessoa responsável e que o respeita, bem como ao seu veículo e ao público.

Algumas idéias importantes da empresa/organização/entidade para a qual você trabalha podem ser incluídas em suas respostas. Se, no desenrolar da entrevista, não for feita uma pergunta que dê espaço para isso, uma alternativa é, na seqüência de uma resposta, dizer: "E relacionado a isso..." ou "E por falar nisso...", e expor o que precisa ser dito.

Procure evitar o uso de expressões em moda, do tipo: *com certeza*; *qualificar* o produto ou serviço; vou *estar falando, fazendo, levando*; novos *paradigmas*; *politicamente* correto ou incorreto; *otimização* dos esforços; *responsabilidade social* da empresa; o *diferencial* está na tecnologia de ponta, entre outros. E muito cuidado com as armadilhas da língua portuguesa; eis algumas redundâncias que podem lhe expor ao ridículo: "*acrescentar mais um* dado"; "*voltar atrás* na decisão"; "um *planejamento* feito *com antecedência*"; "apresentar uma *novidade inédita*"; "exemplificar com um *fato real*"; "é *consenso geral*"; "vamos *manter o mesmo* time de especialistas"; "dividir em *duas metades iguais*"; "o setor tem o *monopólio exclusivo*"; "o novo governo não pode vir com *surpresas inesperadas*"; "eu não *voltarei atrás* no que decidi"; "*a* nível de"; "nossa assessoria é o *elo de ligação* com a mídia". Não se distraia e diga "compe*ti*vidade", em vez de compe*ti*vidade. E, por fim, na despedida do jornalista, à porta da sala, jamais afirme: "Estaremos aqui sempre ao seu *inteiro* dispor"; afinal, não existe meio-termo nessa demonstração de boa vontade e elegância.

Não se aborreça a ponto de decidir não mais atender, em outro dia ou horário, um jornalista que, na última hora, avisou que não mais compareceria à entrevista para a qual você tanto se preparou e fez malabarismos para agendar. É provável que o repórter também fique decepcionado com o fato. O que acontece, muitas vezes, é que um acontecimento mais comprometido com a atualidade, um fato de grande importância, algo de última hora, tenha derrubado a pauta que o envolvia. Bem diferente do que passa numa empresa ou instituição, quando somente após reuniões de executivos algo é mudado, num veículo de comunicação tudo muda em nome da melhor e mais oportuna notícia. Não há garantia de espaço conquistado.

Nunca peça ao repórter para ver, com antecedência, como ficou a matéria, antes de sua publicação. *Isso é motivo para inimizade eterna.* Para reduzir a possibilidade de falhas, o que se pode fazer é, no fim da entrevista, sutilmente repassar as informações mais importantes, verificando se o repórter entendeu mesmo o que você quis dizer. Números e outras informações muito técnicas devem, na entrevista, ser entregues por escrito (em forma de *press kit*) ao repórter. Muitas vezes, a assessoria de imprensa já fez isso para subsidiar a entrevista, mas geralmente o repórter chega sem esse material, que pode ter ficado com o pauteiro[3], o chefe de reportagem, o produtor ou o editor.

Ao ser publicada a matéria, se você constatar alguma incorreção ou equívoco, não se desespere nem faça disso um "cavalo de batalha". Não ligue nem escreva no "calor da emoção" ao repórter ou ao veículo. Procure imediatamente a assessoria de imprensa para que ela possa analisar com você e tomar as devidas providências quanto ao caso. Ela saberá fazer isso, sem estabelecer conflitos futuros. Até mesmo, quando for necessário, interagir com os advogados e acionar a "Lei de Imprensa" na justa defesa de seus interesses e/ou da instituição que você representa.

Jornalismo não é publicidade

Vale ressaltar: o relacionamento do profissional com a imprensa não tem nenhum vínculo com a publicidade que sua empresa/organização faz na mídia. Obviamente, o nutricionista pode ser even-

---

3 Pauteiro: jornalista responsável pelo levantamento de fatos que devem ser alvo do trabalho dos repórteres.

tualmente chamado para opinar tecnicamente sobre o conteúdo de um anúncio publicitário. No entanto, quando for solicitado para uma entrevista jornalística, o profissional deve ter consciência de que precisa evitar a linguagem de marketing e se posicionar como fonte de informações somente técnicas e científicas.

Não aceite condicionar a publicação de sua entrevista às permutas ou aos "pacotes" de publicidade, prática antiética de pequena parcela da mídia especializada – informe ao jornalista sobre o conteúdo de matéria que possui restrito cunho editorial. Cabe a ele a publicação ou não do material, o que não envolve, em hipótese alguma, um eventual negócio publicitário. Nunca misture a divulgação da assessoria de imprensa com campanhas e anúncios.

> *Essa abordagem, infelizmente, existe em alguns veículos nos quais não há uma separação física e conceitual entre os departamentos de jornalismo e de publicidade.*
> *Não demonstre irritação, caso alguém do veículo mencione algo sobre o assunto. Basta dizer que, infelizmente, a divulgação desse material não inclui verba publicitária e que esse assunto poderá ser tratado em outra ocasião.*

CONCEITOS BÁSICOS

Matéria jornalística	Espaço publicitário
Pelo departamento de redação	Pelo departamento de publicidade
Espaço não pago	Espaço pago
Matéria editorial	Anúncio
Não tem controle por parte do entrevistado	Totalmente controlado pela empresa contratante
Interesse público	Interesse publicitário

Considerações importantes

- Cuidado com as informações em *off-the-record*. Apenas depois de um relacionamento mais longo com o jornalista e quando houver maior confiabilidade de ambas as partes, o entrevistado terá a garantia de que permanecerá anônimo.

> *Embora desrespeitar um off seja crime que o jornalista pode cometer, o interesse público estará sempre em primeiro lugar para que ele não cometa um crime maior – o da desinformação.*

- Polemizar e comentar declarações de terceiros podem e devem ser feitos, desde que o entrevistado tenha pleno conhecimento do assunto.

- Prometida a exclusividade da informação, jamais repasse a notícia para outros veículos.

> *Antes de concordar com a exclusividade, leve em consideração todos os prós e os contras. Depois de prometido, não é possível mudar de idéia. Antes, contudo, converse e pondere tudo com a assessoria de imprensa.*

- Um dos principais objetivos da assessoria de imprensa é transformar os interlocutores de uma empresa/organização em "fontes" diretas para os jornalistas. Os nutricionistas, por exemplo, podem estar incluídos, em determinadas empresas/organizações/entidades, entre as fontes permanentes para a mídia. Conquistar, manter essa posição é reflexo da sinergia com a assessoria de imprensa e, principalmente, da performance do entrevistado (fonte) em entrevistas. Os jornalistas costumam procurar repetidamente os entrevistados cordiais, que tenham bom conhecimento técnico sobre sua área de atuação, fluência verbal e clareza na transmissão das informações. Atenda sempre à imprensa e, assim, evite o risco das informações truncadas e até erradas que o jornalista, diante da sua recusa, obterá das chamadas "fontes alternativas".

- No disputado mercado da informação é importante e valioso, tanto para o profissional quanto para a empresa/instituição que representa, tornar-se "fonte" para a imprensa. Para tanto, é preciso estar sempre bem informado e ligado ao mundo que o cerca, especialmente nos vários e diferentes temas do setor no qual atua. Conhecer os fatos, os boatos e saber discernir entre eles. Dominar a conjuntura sociopolítica-econômica e conhecer o tema do momento para a imprensa. É importante ter em mente que um bom relacionamento com os jornalistas significa estabelecer uma ponte de mão dupla, ou seja, dizer e saber. Tenha sempre boas informações para "alimentar" a mídia – isso é muito valioso diante da competitividade predatória característica da economia globalizada. Mas não se esqueça de que o jornalista é seu conhecido, não é, necessariamente, seu amigo. O mesmo que lhe promove hoje em circunstância diferente vai lhe criticar. É assim, e precisa ser assim.

- Em geral, e mais ainda em casos de crises, o discurso da empresa/instituição precisa ser unificado. Mais do que isso, transparente. Quando executivos se contradizem em declarações sobre as mesmas coisas, quando um deles omite e tenta dissimular informações, acaba por gerar um clima de insegurança e descrédito com os jornalistas que cobrem o fato. Como conseqüência, isso ocasiona o risco de ser veiculada uma série de informações advindas de fontes alternativas, oficiosas, ou, pior, ter as próprias declarações expostas com ressalvas quanto à veracidade. Assim, a assessoria de imprensa precisa estar integrada com todas as áreas da empresa e orientar um discurso único, transparente e oficial sobre todo o ocorrido.

- É recomendável que a empresa ou instituição faça, no máximo mensalmente, uma avaliação sobre a sua imagem institucional de produtos e serviços, à luz do *clipping* do setor (incluindo o da concorrência) e de sua própria aparição na mídia. Comentar e debater a importância real de cada nota, artigo, matéria veiculada e menção na mídia com a assessoria de imprensa é muito importante para acompanhar o trabalho, corrigir eventuais distorções e estabelecer planos para o futuro.

Perfil do jornalista brasileiro

Pesquisa realizada por Heloiza Golbspan Herscovitz, em 1998, para a sua tese de doutorado pela Universidade da Flórida (Estados Unidos), em que ouviu jornalistas dos principais veículos brasileiros da mídia impressa e eletrônica, mostrou alguns dados muito interessantes e bem próximos da realidade. O perfil do jornalista, no Brasil, aproxima-se da classe média alta e da alta sociedade.

A idade média do profissional em questão é de 36 anos; 80% deles são naturais da região Sudeste e 73% são descendentes de europeus; 37% são ateus e pouco mais da metade se diz católica. A maioria, 83,3%, tem nível superior. O posicionamento político médio é de centro-esquerda, mas 75% das pessoas garantem não ter preferência partidária. A idéia de que a maioria dos jornalistas é "petista" não se mostrou verdadeira – apenas 19% dos entrevistados se dizem adeptos do Partido dos Trabalhadores (PT).

Um ponto interessante é a forte influência cultural norte-americana sobre o jornalista brasileiro, não apenas pela preferência de três quartos dos entrevistados ao estudo do idioma inglês (o que é natural pela disseminação dessa língua e pela sua importância para o trabalho), mas também por outros fatores. Por exemplo: 59% gostariam de fazer um curso de pós-graduação ou uma viagem profissional aos Estados Unidos; 43,5% preferem o cinema norte-americano e, depois dos escritores brasileiros, a preferência recai sobre os escritores daquele país. Em matéria de jornais estrangeiros lidos pelos entrevistados, destaca-se o *The New York Times* (com quase 50%) e, em matéria de televisão, a CNN supera suas congêneres européias.

Quanto aos princípios éticos, há um distanciamento: enquanto apenas 5% dos jornalistas norte-americanos pesquisados seriam capazes de quebrar o sigilo prometido à fonte, 12,4% dos brasileiros fariam isso sem nenhum problema. Embora o percentual aponte para a minoria, está claro um perigo já alertado: a prática do falar em *off* é de grande risco e só deve acontecer sob rígidos cuidados. Para fechar, eis um quadro que ressalta a necessidade de muita atenção: 60% dos jornalistas entrevistados no Brasil desconhecem o Código de Ética da profissão e, ainda, 10% o conhecem sem, no entanto, praticá-lo.

Por fim, uma tendência se confirma: não há mais, pelo menos como antigamente, o profissional boêmio, formado "pela vida", disposto a qualquer risco para escrever uma boa matéria. Tão-somente 0,2% dos jornalistas brasileiros entrevistados seria capaz de viajar para algum lugar do planeta no qual estivesse acontecendo algo polêmico, grave.

Vale ressaltar

Na análise do relacionamento com a imprensa, deve-se levar em consideração alguns fatores como:

- Comparação com os espaços obtidos por empresas, organizações, entidades e órgãos concorrentes ou similares ao que você presta serviços. Comparação com a exposição na mídia de outros concorrentes ou similares. Nunca meça espaço conquistado, comparando-o à tabela de preços para veicular publicidade. Essa prática é antiética, já que a assessoria de imprensa é uma coisa e publicidade é outra bem diferente, como já vimos antes.

- Muitas vezes, o interesse da imprensa em determinados segmentos é sazonal. Dependendo do assunto, ele ganhará mais ou menos espaço na mídia em certos períodos, ou quando ocorre um fato de grande importância relacionado com determinada área.

- Deve-se levar em consideração que um bom diferencial – como uma informação científica ou estatística relevante – sempre vai disputar os melhores espaços na mídia.

- A credibilidade do leitor é muito maior na matéria editorial do que na publicidade.

Glossário

ARTIGO ASSINADO • texto de caráter opinativo, não necessariamente preso ao fato, mas voltado à interpretação dele. Na essência, discute e leva à reflexão de idéias sob critérios do autor. Na maioria dos casos, comenta um tema em evidência. Os artigos são veiculados em espaços nobres, destinados à "Opinião", "Tendências" e "Debates" dos grandes veículos da mídia impressa, mas notadamente nos jornais. Têm muita importância porque são do interesse dos formadores de opinião, empresários, políticos, administradores, professores, líderes classistas etc.

BRIEFING • Resumo do assunto divulgado. Quanto mais informação for repassada sobre o tema, mais completa será a divulgação.

CLIPPING IMPRESSO • Levantamento, recorte e organização, em ordem cronológica ou remissiva, de todas as matérias publicadas em jornais e revistas sobre uma divulgação, um tema específico, a empresa ou o setor de atividades.

CLIPPING ELETRÔNICO • Levantamento e gravação de matérias veiculadas em rádios, televisões e webmídia.

EDIÇÃO • Finalização da matéria (em rádio, TV, jornais e revistas), selecionando-se os principais assuntos que serão divulgados, suprimindo informações desnecessárias e preparando a notícia de acordo com o espaço editorial disponível e a linha filosófica do veículo.

EDITOR • Profissional que faz a seleção final do que será, realmente, veiculado em qualquer meio de comunicação. Ele também pode editar a matéria, ou seja, dar olho, título, legenda às fotos, chamadas de capa. É ele, ainda, quem decide com que porte e em qual lugar sairá a matéria.

EDITORIA • São as diferentes seções dos veículos. Por exemplo: Política, Economia, Esportes, Internacional, Cultura, Tecnologia, Saúde etc.

FOCA • Um jornalista que está iniciando profissionalmente, o recém-diplomado.

FONTE • Pessoa de confiança do jornalista para obtenção de informações fidedignas, para fins de noticiário. A fonte pode ou não ser mencionada na matéria. Isso depende de um "acordo de cavalheiros" entre a fonte e o entrevistador.

FURO • Quando um repórter consegue, no seu veículo, dar uma informação antes que todos os demais.

MÍDIA • Na linguagem jornalística é a definição genérica para "meio de comunicação". A mídia impressa é representada por jornais e revistas; e a mídia eletrônica, por rádios, televisões e internet.

OFF-THE-RECORD • Ou simplesmente *off*. Informação confidencial repassada ao jornalista. O jornalista se compromete a não divulgar a informação e/ou sua fonte.

PRESS RELEASE • Ou simplesmente *release*. Texto jornalístico com informações específicas de interesse da empresa/organização.

PRESS KIT • Amplo e detalhado material sobre a empresa ou instituição, entregue antes de entrevistas individuais ou coletivas. Seu objetivo é dar aos jornalistas maior conhecimento, evitando – não apenas a ele, mas também ao entrevistado – perguntas que tomam tempo e não dependem de posicionamento pessoal (histórico; números oficiais; produtos e serviços; organograma; currículos;). Esse material pode incluir gráficos, estatísticas, fotos e demais peças ilustrativas sobre a empresa e ou instituição.

VEÍCULO • Em jornalismo significa o tipo do meio de comunicação utilizado na divulgação da matéria, ou seja, jornais, revistas, TVs, rádio, internet, murais e boletins (impressos e eletrônicos). Existem, ainda, na publicidade, outros meios de divulgação utilizados, como o cinema e o outdoor.

Um pouco de humor

Saiba como diferentes veículos da mídia noticiariam o fim do mundo:

MÍDIA IMPRESSA

■ FOLHA DE S.PAULO ■
(ao lado de um imenso infográfico)
51% dos brasileiros não concordam com o fim do mundo

■ O ESTADO DE S. PAULO ■
CUT envolvida no caos

■ GAZETA MERCANTIL ■
Companhias seguradoras revêem análise de riscos

■ O GLOBO ■
Equipe econômica, otimista, diz que fim do mundo conterá evasão de dólares

■ CORREIO BRAZILIENSE ■
Congresso deve votar esta semana inconstitucionalidade do fim do mundo

■ VEJA ■
EXCLUSIVO: ENTREVISTA COM DEUS

- Por que o apocalipse demorou tanto
- Especialistas indicam como encarar o fim do mundo
- Paulo Coelho: "O profeta viu o fim do mundo e chorou"

■ CARAS ■
Celebridades passarão o fim do mundo na Ilha de Caras

■ ZERO HORA ■
Rio Grande do Sul vai acabar

■ LA NACIÓN (BUENOS AIRES) ■
Argentina no se acabará

■ TRIBUNA DE ALAGOAS ■
Delegado afirma que fim do mundo é crime puramente passional. Não há culpados!

■ ESTADO DE MINAS ■
Será que o mundo acaba mesmo? ETs duvidam...

■ A GAZETA ESPORTIVA ■
São Paulo e Corinthians decidem o último campeonato paulista

■ JORNAL DOS SPORTS ■
Nem o fim do mundo segura o Mengão!

■ NOVA ■
O melhor do sexo no fim do mundo

■ QUERIDA ■
Teste: seu namoro vai acabar antes do fim do mundo?

■ PLAYBOY ■
Nova loura do Tchan: um apocalipse de sensualidade!

■ SHOWBIZZ ■
Entrevista com Deus: "Estarei no Brasil este ano e detonarei alguns mega-shows"

■ INFO EXAME ■

100 dicas de como aproveitar o Windows "The End"

■ GUIA DE PROGRAMAÇÃO NET ■

EXCLUSIVO:
o fim do mundo na GNT

■ THE NEW YORK TIMES ■

The end!

■ REVISTA NATUREZA ■

Nós alertamos...

MÍDIA ELETRÔNICA

■ TV GLOBO ■

"Fantástico" apresenta, antes do fim do mundo, a descoberta da cura da Aids.

■ SBT ■
Novo carnê dá prêmios para quem acertar dia do apocalipse.

■ TV RECORD ■
Iniciado o cadastramento dos que serão salvos no Juízo Final.

■ TV BANDEIRANTES ■
Mantendo a tradição, realizaremos o primeiro debate entre candidatos que prometem impedir o fim do mundo.

■ TV CULTURA ■
É o fim do mundo: acabaram as verbas para a cultura!

■ RÁDIO BANDEIRANTES ■
O repórter Milton Parron denuncia corrupção no fim do mundo.

■ RÁDIO JOVEM PAN ■
Serviço: saiba o que abre
e o que fecha no Juízo Final.

■ RÁDIO ELDORADO ■
Nossos correspondentes
espalhados pelo mundo
trazem as cotações das bolsas
no apocalipse.

■ CBN ■
A rádio que toca notícia vai,
no fim do mundo,
tocar a "Valsa do Adeus".

◆

16 Cases de assessoria de imprensa

A RICARDO VIVEIROS – Oficina de Comunicação já ganhou duas vezes, na categoria Assessoria de Imprensa, o Prêmio Aberje, o mais importante do setor no Brasil. Até a edição deste livro, em 2007, também havia sido a única agência do segmento a receber o prêmio Top de Marketing, da Associação de Dirigentes de Vendas e Marketing do Brasil (ADVB).

Reproduzimos aqui alguns desses *cases* de sucesso com o intuito de demonstrar, do ponto de vista prático, os resultados de todas as ações e estratégias anteriormente explicitadas.

CASE 1

CLIENTE:
Federação das Indústrias do Estado de São Paulo (Fiesp)

CASE:
Referendo da imprensa ao exercício da autoridade produtiva (2006)

DESCRIÇÃO
Cerca de doze mil matérias em jornais e revistas e 144 horas em rádio e TV

Em setembro de 2004, a Ricardo Viveiros – Oficina de Comunicação foi contratada pela nova diretoria da Federação das Indústrias do Estado de São Paulo (Fiesp) para atuar como assessoria de imprensa da entidade. O desafio inicial implicava gerenciar adequadamente a separação entre Fiesp e o Centro das Indústrias do Estado de São Paulo (Ciesp), este atendido por outra agência. A fragmentação, inusitada na história das entidades, havia sido determinada pelos resultados de suas respectivas eleições. É óbvio que antes, durante e depois dos pleitos, a imprensa focou "a crise" gerada pela acirrada disputa entre situação e oposição, bem como as dificuldades administrativas e de relacionamento entre ambas, dividindo o mesmo prédio na avenida Paulista.

O foco imediato, portanto, era evitar que esse noticiário negativo sufocasse a pauta da Fiesp, que desde o início da nova gestão passou a defender, de maneira mais intensa, o crescimento sustentado da economia, a redução dos gastos públicos, a queda dos juros, a revisão do sistema tributário muito oneroso para a sociedade, uma política cambial de estímulo às exportações e a ética, como pressupostos básicos da política e do Estado.

Tornava-se ainda imprescindível conferir ao Sistema Fiesp – que engloba também o Sesi-SP, o Senai-SP e o Instituto Roberto Simonsen (IRS), organismo de estudos avançados – maior presença de mídia em relação ao Ciesp. Não se tratava de imposição fortuita, ligada a aspectos ufanistas ou vaidade. Ao contrário, era uma realidade inerente à própria estrutura política e jurídica das duas entidades, pois a Fiesp congrega os sindicatos representativos de todas as indústrias paulistas. Ou seja, sua responsabilidade, inclusive orçamentária e de representatividade do setor, é proporcionalmente maior.

Além dessas premissas e desafios iniciais, a assessoria de imprensa iniciou o trabalho balizada por um *briefing* pontual e taxativo: a nova diretoria da Fiesp, advinda da oposição à anterior, assumia a entidade com o compromisso de ser mais proativa e eficiente na defesa da indústria, bem como de se articular e se mobilizar, com base em estudos de conteúdo aprofundado, para apresentar projetos e propostas ao setor público federal, estadual e municipal, visando ao fortalecimento do setor e ao avanço da economia.

A esse novo escopo de atuação, a diretoria deu o nome de "Autoridade produtiva". E foi em meio a esse cenário que concluímos o último trimestre de 2004, ingressando em 2005 com o desafio de buscar, por meio do referendo da imprensa, a legitimidade para o novo conceito político da Fiesp, que sustentava filosoficamente suas palavras de ordem: "Investir, promover, desenvolver e defender quem produz e trabalha".

Emergindo do gerenciamento da crise da "separação", a assessoria de imprensa trabalhou, desde o primeiro dia de 2005, não apenas para ampliar o espaço da entidade na mídia, mas visando a tornar público, claro e definitivo o seu novo compromisso com a indústria e, num olhar mais amplo, com o desenvolvimento nacional. A Ricardo Viveiros – Oficina de Comunicação partiu, então, do princípio de reforçar, perante a opinião pública, a importância da Fiesp como organização que passava a atuar, de maneira mais efetiva, em distintas vertentes: fomentadora do aporte tecnológico; defensora da ampliação dos mecanismos de financiamento e da redução dos custos da produção; indutora da exportação e da abertura de mercados; proponente de políticas públicas, bem como proativa na solução de problemas, como a pirataria e o desrespeito à propriedade industrial e intelectual.

Dentre as pautas trabalhadas nas questões econômicas, abordaram-se temas como a ampliação do Conselho Monetário Nacional (CMN) e a redução das taxas de juros, da carga tributária e dos gastos públicos. Nos assuntos políticos, frisou-se a aproximação entre a classe empresarial e os três poderes, o acompanhamento e participação da entidade em projetos de interesse da indústria no Executivo e Legislativo.

Nas questões de comércio exterior, a comunicação ressaltou as iniciativas da Fiesp na abertura de novas fronteiras para negociações, os acordos comerciais, a cooperação com federações e entidades mundiais, os seminários internacionais e a defesa comercial. Na verdade, foi criada e rapidamente consolidada a imagem de uma "Diplomacia Empresarial". No âmbito produtivo, o trabalho convergiu para os projetos de infra-estrutura e logística de transportes, a geração de competitividade e a atuação nos programas de desenvolvimento sustentável.

A Fiesp, mais do que nunca, passou a ter presença diária na imprensa, não só de economia, mas também de política e temas específicos, como meio ambiente, tecnologia, recursos humanos, pequenas e microempresas, internacional, educação e cultura, dentre outros segmentos. Também se tornou freqüentadora periódica das páginas de opinião dos principais veículos brasileiros da mídia impressa. E, graças a um atuante trabalho de comunicação empresarial com a mídia internacional que acreditou no Brasil, a entidade começou a ter presença em jornais, revistas, televisões e rádios de todo o mundo.

Artigos de seu presidente Paulo Skaf passaram a ser publicados, a cada 45 dias, na *Folha de S.Paulo*; a cada 30 dias, em *O Estado de S. Paulo*; a cada 15 dias, na *Gazeta Mercantil*; e, sistematicamente, no *Valor Econômico, O Globo, Jornal do Brasil, Correio Braziliense*, principais diários de todo o país e revistas técnico-especializadas. Os diretores setoriais da Fiesp e representantes dos seus organismos de estudos também se tornaram articulistas freqüentes na mídia impressa.

Os artigos são uma das estratégias mais válidas para atingir o objetivo de "referendar o exercício da autoridade produtiva", afinal, as páginas de opinião, um dos mais nobres espaços da mídia impressa, são lidas por lideranças políticas, empresariais e sindicais, empresários, executivos e público com alta capacidade crítica e poder de decisão.

Nova metodologia de trabalho – focos múltiplos, mas coesos

Para atingir os objetivos e metas, a Ricardo Viveiros – Oficina de Comunicação adotou postura de trabalho proativa e abrangente. A estratégia central foi a de divulgar o Sistema Fiesp reforçando cada um dos focos de sua atuação. Paralelamente, a agência assumiu a tarefa de integrar, com discurso coeso, toda a comunicação e as informações geradas pela entidade: o papel de representante oficial da indústria paulista, traduzido nas ações dos seus departamentos de estudos e comitês de cadeias produtivas (estes criados na presente gestão); a formação profissional ministrada pelo Senai-SP em todo o estado; a educação infantil, o ensino fundamental e os programas sociais do Sesi-SP; os estudos do Instituto Roberto Simonsen; e um escritório em Brasília.

Ações e estratégias de assessoria de imprensa

O Sistema Fiesp ganhou visibilidade para suas ações diretas e foi sempre protagonista nos debates dos grandes temas nacionais.

Em 2005, foram registradas a produção e a divulgação de 492 pautas (média de 3,3 por dia útil) que abordavam as atividades específicas da Fiesp. Por meio desse contato com a mídia, o presidente da entidade e demais diretores de áreas específicas foram acionados para numerosas entrevistas, que resultaram em milhares de matérias publicadas por jornais, revistas e webmídia. A divulgação da Fiesp em rádio e televisão foi também fortalecida e multiplicada. A atuação da assessoria de imprensa alcançou a capital de São Paulo, o interior paulista, outros estados (o Distrito Federal, especialmente) e vários países.

As ações educacionais do Senai-SP e os programas sociais e culturais do Sesi-SP foram divulgados por meio de outros 795 *releases* (média diária de cinco textos, considerando-se os 145 dias úteis do ano).

O resultado de todo esse empenho foi positivo em 2005:

- 11.947 matérias publicadas em jornais e revistas (32 por dia).

- 144 horas em rádio e televisão (média de 23 minutos diários).

Além de divulgar as ações e eventos do Sistema Fiesp, a assessoria de imprensa o manteve, durante todo o ano, como protagonista nos debates dos grandes temas nacionais. A entidade, por meio de abordagens diárias relacionadas com os principais assuntos do Brasil e/ou de oportunidade, eventos e datas importantes, esteve sempre presente na pauta da mídia paulista e nacional.

Eventos

A assessoria de imprensa também promoveu e/ou cobriu 480 coletivas de imprensa e/ou eventos para divulgar grandes temas e decisões do Sistema Fiesp. Além disso, registraram-se 40 feiras e 15.400 eventos do Sesi-SP e do Senai-SP.

No período, a RV-O esteve à frente das pautas divulgadas pelo Escritório de Brasília, propondo diversos temas de grande interesse para atender aos objetivos de comunicação da entidade, especialmente as reuniões e encontros políticos e técnicos de seus dirigentes com senadores, ministros e o presidente da República. Foram 410 autoridades visitadas ou que participaram de encontros na sede da Fiesp.

Os números relativos a todos esses eventos evidenciam outro aspecto técnico importante: a capacidade de atendimento da assessoria de imprensa.

Publicações

A Ricardo Viveiros – Oficina de Comunicação é também responsável pela coordenação editorial do boletim *Indusnet*, atualizado diariamente no site da entidade, e pelo boletim eletrônico *Indusletter* (por e-mail). O trabalho abrange outras mídias direcionadas aos sindicatos associados: *Clipping Indústria* e *Boletim Petromail*. Também sob responsabilidade da agência, o website da entidade recebeu 1,7 milhão de acessos – em média 141.666 acessos ao mês. A RV-O coordena, ainda, a produção editorial da *Revista da Indústria*, publicação mensal da Fiesp. Embora dirigidas a públicos específicos, essas mídias também contribuem para o processo de relações com a imprensa, à medida que são inúmeros os jornalistas que as recebem.

1,7 milhão de acessos ao site.
380 mil exemplares de 13 edições da Revista da Indústria.
8.400 notícias divulgadas e produzidas para o Boletim Indusnet.

Diferenciais

Além de ações focadas em temas de maior apelo jornalístico ou de maior importância econômica, política e social, o sucesso do trabalho também deve ser atribuído à ênfase da Ricardo Viveiros – Oficina de Comunicação ao bom relacionamento com as redações e à orientação de atender com proatividade e de maneira isonômica os colegas de todos os veículos de imprensa, independentemente do porte, da tiragem e da circulação.

No caminho para atingir as metas, uma das mudanças internas promovidas foi ampliar o número de jornalistas responsáveis pelo atendimento, agregando à equipe pessoas com amplo conhecimento e experiência. Foi importante também a setorização do Departamento de Comunicação, que permitiu melhor distribuição das responsabilidades e tarefas diárias, além de contribuir para captar de cada um desses setores informações ainda mais pontuais e fundamentais para o sucesso do trabalho de divulgação da Fiesp.

Todas as entrevistas concedidas são acompanhadas por um profissional da assessoria de imprensa, e, quando a entrevista é feita por telefone, sempre há um contato prévio e posterior com a fonte e com o jornalista, para verificar se tudo aconteceu de modo satisfatório.

Depoimentos do cliente

"No mundo moderno e globalizado é muito importante a comunicação. Para isso, as empresas e as instituições precisam ter em seu planejamento estratégico uma boa assessoria de imprensa e comunicação. E,

nesse aspecto, temos sido muito bem atendidos pela Ricardo Viveiros – Oficina de Comunicação."

PAULO SKAF • Presidente da Fiesp

"O trabalho com a Ricardo Viveiros – Oficina de Comunicação foi fundamental para dar coesão e unicidade a todas as atividades de nosso Departamento de Comunicação. Com isso, pudemos ampliar nossa comunicação com a imprensa, levando a público a voz da autoridade produtiva."

AREF FARKOUH • Diretor de Comunicação do Sistema Fiesp

"Em nossa estratégia de divulgar as bandeiras defendidas pela Fiesp, a assessoria de imprensa tem executado trabalho pontual e focado em cada um dos grandes temas da economia, que traz o retorno que almejamos."

ANA ELIZA GAIDO • Gerente de Comunicação do Sistema Fiesp

Sistema Fiesp, em síntese

A atuação da Fiesp, em especial a partir da posse da atual diretoria, dá-se por meio de seus *conselhos superiores*, *comitês setoriais* e *departamentos*, que reúnem figuras notáveis nos campos político, econômico e cultural, ao lado das mais expressivas lideranças industriais – o que contribui para agilizar pleitos da indústria perante o poder público. A proposta é criar sinergia e ampliar a visão estratégica na condução de temas de interesse, não apenas para o segmento industrial, como para o Brasil. Participam como convidados dos encontros mensais algumas das principais inteligências do país.

O Sistema Fiesp engloba: Sesi-SP, cuja missão é promover a educação infantil, ensino fundamental, saúde, cultura, esportes e lazer, com foco na melhoria da qualidade de vida do trabalhador da indústria, seus familiares e demais cidadãos; Senai-SP, que atua no campo da educação profissional, técnica e em nível superior, e na difusão de novas tecnologias; e Instituto Roberto Simonsen (IRS), organismo de estudos avançados, que funciona como fórum de debates e órgão cultural e de conhecimento da indústria.

CASE 2

CLIENTE:
Associação de Assistência à Criança Deficiente (AACD)

CASE:
A imprensa em defesa da causa dos portadores de deficiências (2006)

DESCRIÇÃO
Num ano de crise no financiamento das ONGs, ações e estratégias da assessoria de imprensa contribuíram para manter a receita da AACD.

A Associação Brasileira de ONGs (Abong), em seu balanço anual, demonstrou que em 2005 houve uma crise no financiamento das organizações não-governamentais. Foi neste contexto que a Associação de Assistência à Criança Deficiente (AACD) teve na comunicação e nas relações com a imprensa um dos principais fatores para garantir sua receita, ampliar seus serviços e prestar contas à sociedade. Um total de 1.560 inserções jornalísticas demonstrou ao Brasil o porquê de manter o trabalho da AACD, que conseguiu cumprir todas as suas metas no exercício. O *clipping* anexo ilustra o aspecto qualitativo dos espaços conquistados na imprensa pela causa dos portadores de deficiências.

Fundada em 1950, pelo médico Renato da Costa Bomfim, a AACD possuía inicialmente o objetivo de tratar e reabilitar vítimas de paralisia infantil, doença que vitimava grande parcela da população na década de 1950. Com o tempo, a entidade especializou-se no tratamento de deficiências físicas que comprometem o aparelho locomotor.

Atualmente, a associação atende crianças, adolescentes e adultos com diversos problemas: portadores de seqüela de acidente vascular cerebral; traumatismo crânio-encefálico;

amputações; doenças neuromusculares; malformações congênitas; mielomeningocele; lesão medular-paraplegia/tetraplegia; paralisia cerebral; síndromes genéticas que comprometem o aparelho locomotor; e paralisia infantil. Para isso, conta com atendimento diário nas áreas de medicina; fisioterapia; fonoaudiologia; natação terapêutica e hidroterapia; pedagogia; psicologia; terapia ocupacional; arte-terapia; músico-reabilitação; Programa Trabalho Eficiente; odontologia e oftalmologia. Desse modo, a entidade promove abordagem multidisciplinar, que determina um processo de reabilitação global, de acordo com as necessidades de cada pessoa, preocupando-se também com o adequado desenvolvimento pedagógico e social dos pacientes, dos quais 96% nada pagam pelo tratamento que recebem.

De maneira geral, em 2005, as organizações não-governamentais (ONGs) percorreram um terreno arenoso em que o seu projeto político, voltado à transformação social e à redução das desigualdades, esbarrou na crise política brasileira. Atravessaram uma conjuntura na qual se evidenciou o abismo entre o compromisso social e o atraso político. No entanto, do ponto de vista do desenvolvimento institucional das entidades, o balanço anual da Associação Brasileira de ONGs (Abong) mostrou uma situação de crise generalizada, que afeta a sustentação financeira dessas instituições.

Nesse contexto, o desafio da Ricardo Viveiros – Oficina de Comunicação, assessoria de imprensa da AACD, foi manter a imagem construída ao longo de sete anos de trabalho e distribuir informações a respeito da entidade para todos os públicos com os quais ela se relaciona, a fim de sustentar o equilíbrio entre despesas e receitas, bem como ampliar os benefícios oferecidos aos portadores de deficiência. Isso porque, como organização não-governamental, a AACD conta com o financiamento da população para poder dar continuidade aos tratamentos oferecidos e para conquistar as metas estabelecidas de prevenção, tratamento e reintegração social dos pacientes.

No que se refere à questão do trabalho de recuperação e melhoria da qualidade de vida de portadores de deficiência, a instituição investiu também na prevenção. Assim, o trabalho da agência consistiu em informar periodicamente médicos de todas as especialidades e demais profissionais da área de saúde, além de professores, psicólogos e inúmeros outros profissionais que trabalham com portadores de deficiência física, sobre os 52 cursos promovidos pela entidade. O objetivo disso foi repassar seu *know-how* de 55 anos, tendo como finalidade capacitar, formar e atualizar todos esses profissionais.

Como parte da missão de (re)integrar os pacientes à sociedade e minimizar o preconceito, a instituição mantém o Programa Trabalho Eficiente (PTE), que capacita e emprega profissionais portadores de deficiências, além de oferecer palestras às empresas contratantes para esclarecer as necessidades e habilidades dessas pessoas. Assim, foi papel da assessoria de imprensa apresentar a outros públicos da entidade – empresários, pacientes e sociedade – balanços periódicos dos resultados do PTE, sempre alertando os empregadores sobre a necessidade do cumprimento da lei nº 8.213, de 1991, que obriga as empresas com mais de cem funcionários a destinar de 2% a 5% de suas vagas a portadores de qualquer tipo de deficiência.

Da mesma maneira, a divulgação dos trabalhos desenvolvidos pelo setor escolar (início das aulas e demais atividades) teve o objetivo de informar à comunidade não só a existência de escola especializada, voltada ao atendimento de crianças portadoras de deficiência física, como também de apresentar o tipo de educação ali exercida, cuja função é preparar os alunos para o ingresso em escolas públicas e particulares da rede regular de ensino a partir da quinta série do ensino fundamental.

A fim de apresentar à sociedade as diversas maneiras de ajudar a entidade, a assessoria de imprensa elaborou cuidadosamente planejamento e ações estratégicas para cada evento, intensificou o processo de divulgação, sempre seguido de *follow up* com a finalidade de atender adequadamente às necessidades da imprensa e da instituição. Nessa lista de assuntos, encontra-se, por exemplo, uma série de eventos destinados à arrecadação de recursos. Dentre eles, podemos citar as vendas de cartões de Natal e dos produtos da ortopedia, os atendimentos pagos/conveniados realizados no hospital Abreu Sodré (sendo que cada três deles financia a operação de um paciente do centro de reabilitação), a Campanha do Cofrinho e a realização de bazares, além da aliança com a TV SBT para o Teleton 2005 (maratona televisiva destinada à arrecadação de recursos para portadores de deficiências, criada pelo comediante Jerry Lewis e cujos direitos no Brasil são exclusivos da AACD).

A instituição preocupa-se também com a prestação de contas sobre a aplicação do dinheiro arrecadado. Para isso, a Ricardo Viveiros – Oficina de Comunicação efetuou a produção e distribuição de balanços e resultados, além de produzir e divulgar textos específicos sobre a construção do novo centro de reabilitação em Joinville (SC), graças aos recursos adquiridos pelo Teleton. Isso é relevante para toda a população que contribuiu com a campanha e, em especial, para a comunidade de portadores de deficiência física do estado. Do mesmo modo, foi amplamente noticiada a reforma do hospital Abreu Sodré, que pertence ao complexo central da entidade e cuja ampliação chegou a 1.250 metros quadrados, com a construção de mais dezoito apartamentos, em cinco pavimentos, e novos quartos da Unidade de Tratamento Intensivo (UTI). As obras também foram financiadas pelos recursos do Teleton.

Além disso, há necessidade específica de comunicação com os diversos públicos internos – profissionais da saúde e da limpeza, professores, psicólogos e demais funcionários (totalizando 1.500 pessoas), pacientes e familiares, voluntários (1.700), empresários e diretores – sobre as atividades, conquistas e realizações da entidade. A fim de cumprir isso, a assessoria de imprensa produziu quadrimestralmente boletins informativos.

Assim, em 2005, a Ricardo Viveiros – Oficina de Comunicação produziu e divulgou 207 pautas/*releases*, três boletins e quatro artigos sobre e para a Associação de Assistência à Criança Deficiente. Além disso, a agência acompanhou 205 entrevistas, reuniões, entregas de material em redações e eventos.

A distribuição dos *releases* e dos artigos à imprensa gerou publicação de 643 notas, 885 matérias e 32 artigos – um total de 1.560, média de 130 inserções por mês. Desse total, a partir do recebimento dos textos, 872 publicações foram espontâneas e 688 foram resultado do atendimento às solicitações da imprensa. O conteúdo aqui considerado foi veiculado em jornais, revistas, rádios, televisões e webmídia. Em síntese, foram 501 inserções em jornais, 84 em revistas, 71 em programas de televisão, 105 em programas de rádio e 799 na webmídia.

Depoimentos

"A presença da AACD na mídia jornalística em 2005 foi decisiva para que ampliasse a interação com suas principais fontes de financiamento, incluindo o conjunto da sociedade. Esse foi um dos fatores que permitiu à entidade manter níveis de receita compatíveis com os cerca de cinco mil atendimentos por dia prestados às crianças e aos adultos portadores de deficiência física."

ANDRÉ BEER • Presidente (voluntário)

"O desenvolvimento do trabalho de assessoria de imprensa, garantindo a conquista de espaços importantes da AACD na mídia jornalística em 2005, foi fundamental para que a entidade conseguisse transmitir informações pertinentes e relevantes a todos os públicos com os quais ela se relaciona. Comunicar que a AACD realizou mais de 1,1 milhão de atendimentos, sendo que 96% deles não representam custo para os pacientes, sem falar dos empreendimentos da instituição e dos resultados do trabalho realizado, é fundamental para que a entidade possa se manter e oferecer permanentemente à população carente, em especial, atendimento gratuito com excelente qualidade."

LUIZ EDUARDO REIS DE MAGALHÃES •
Diretor de Marketing (voluntário)

CASE 3

CLIENTE:
Universidade Federal de São Paulo (Unifesp)

CASE:
Como ampliar e reposicionar a exposição na mídia com uma equipe 60% menor? (2005)

DESCRIÇÃO
O desafio de ampliar e reposicionar a exposição na mídia com uma equipe 60% menor

Esse foi o desafio aceito em 1º de junho de 2004 pela Ricardo Viveiros – Oficina de Comunicação ao assumir, num processo de terceirização, a área de assessoria de imprensa da Universidade Federal de São Paulo (Unifesp).

Sete meses depois, a empresa registrou crescimento de 18,6% nos resultados de *clipping*, diversificou os temas divulgados e proporcionou economia de 59% nos gastos do cliente com o setor.

Antecedentes

Empenhada em uma corajosa e absolutamente necessária luta para reduzir custos, a então recentemente empossada direção da universidade foi obrigada a abrir mão de sua boa – porém cara – estrutura de comunicação.

A equipe era composta por vinte pessoas que produziam dois jornais (um deles abordava as pesquisas científicas e outro voltava-se para temas de interesse dos funcionários da instituição) e uma revista trimestral, além de realizar atendimento às demandas da imprensa. Essa estrutura utilizava o jornal de divulgação científica e a revista trimestral – que enfatizava a área de assistência à saúde, outra importante vertente da instituição – como principais ferramentas para atingir a mídia e expor as ações da Unifesp.

O trabalho era bem-sucedido. No ano de 2002 (último levantamento disponível), a Unifesp obteve, em média, 377 citações/mês em jornais, revistas, sites, rádio e televisão. Naquele ano, essas reportagens mencionaram 45 dos temas divulgados pela assessoria de imprensa da universidade.

Apesar dos resultados, os custos de manutenção dessa estrutura mostravam-se extremamente elevados, considerando-se os gastos com produção e impressão dos veículos e, particularmente, de recursos humanos contratados diretamente pela instituição.

Além dos aspectos financeiros, havia também a sensação de que o trabalho estava muito focado nas pesquisas acadêmicas, não contemplando devidamente outros aspectos da vida da universidade, como as ações sociais e de extensão, assim como a postura institucional.

A direção da Unifesp decidiu que, assim como acontecia em todos os setores da universidade, também a área de comunicação deveria passar por uma reestruturação. Os jornais seriam temporariamente paralisados e a equipe seria reduzida e terceirizada.

Foco na mídia

A Ricardo Viveiros – Oficina de Comunicação foi escolhida para ser a assessoria de imprensa terceirizada da Unifesp e iniciou seu trabalho em junho de 2004. Para estruturar o atendimento, a empresa montou equipe de apenas seis jornalistas, auxiliados por dois estagiários. A mudança implicou redução de 60% no número de integrantes da equipe e de 59% nos custos da área para a Unifesp.

Para que a transição não significasse uma descontinuidade no trabalho, a empresa optou por incorporar a seus quadros três integrantes da equipe anterior. Essa decisão mostrou-se acertada, pois ao assumir a assessoria de imprensa, a equipe percebeu que todos os textos e informações referentes aos anos anteriores haviam sido apagados dos computadores.

Como modo de adequar a rotina de trabalho às dimensões da equipe e da própria universidade (ver quadro "Números da assessoria de imprensa", a seguir), a Ricardo Viveiros – Oficina de Comunicação elaborou estratégia focada no trabalho de assessoria de imprensa, e este trabalho passou a ser utilizado na divulgação da excelente e quantitativa produção científica da Unifesp, como dissertações de mestrado, teses de doutorado e estudos de campo.

Simultaneamente, teve início o processo de diversificação das pautas divulgadas. Assim, as pesquisas difundidas passaram a dividir espaço de forma mais igualitária com os projetos de extensão, com serviços prestados à população, com eventos científicos e com o posicionamento institucional da universidade.

Os resultados comprovam a eficácia dessa estratégia. No período de junho a dezembro de 2004, o serviço de *clipping* contratado registrou a presença da Unifesp e de seus profissionais em 3.126 matérias e notas em jornais, revistas, internet, rádio e televisão, o que representa média de 447 citações ao mês.

Nos mesmos sete meses, as matérias repercutiram 57 dos temas divulgados pela assessoria de imprensa.

Conclusão: *uma equipe 60% menor, a um custo 59% inferior, conquistou resultado quase 18,6% superior na mídia.*

Depoimento do cliente

"A Ricardo Viveiros – Oficina de Comunicação comprovou que estávamos certos ao imaginar que seria possível aumentar a eficiência e a eficácia de nossa comunicação, ampliando e qualificando a presença na mídia. Afinal, como universidade pública, temos o dever de compartilhar o conhecimento e, assim, contribuir para a melhoria das condições de saúde da população."

Regina Celes de Rosa Stella • Chefe do Departamento de Comunicação e Marketing da Unifesp

Além de promover ações mais focadas em temas de maior apelo jornalístico ou de maior importância social e acadêmica, o sucesso do trabalho também deve ser atribuído ao fato de a Ricardo Viveiros – Oficina de Comunicação possuir um bom relacionamento com as redações e à sua orientação de atender com agilidade e de modo igualitário os colegas das redações de todos os veículos de imprensa.

Para estreitar laços com a mídia, uma das mudanças internas promovidas foi ampliar as fontes da Unifesp, tradicionalmente colocadas à disposição da imprensa para falar sobre temas ligados à saúde. Anteriormente, apenas alguns poucos notáveis eram apresentados como especialistas em determinados assuntos, quando na verdade há diversos docentes e pesquisadores aptos a colaborar com a imprensa em sua área de conhecimento. Essas fontes foram identificadas e treinadas, o que ampliou o leque de opções e, conseqüentemente, a agilidade do atendimento.

O procedimento do contato entre imprensa e profissionais vinculados à Unifesp também mudou consideravelmente. Todas as entrevistas concedidas pessoalmente passaram a ser acompanhadas por um profissional da assessoria de imprensa e, quando a entrevista é feita por telefone, sempre há um contato prévio e posterior com a fonte e com o jornalista para verificar se tudo ocorreu de modo satisfatório.

Entre junho e dezembro de 2004, foram realizados 2.473 atendimentos, incluindo solicitações de entrevistas, informações sobre pesquisas em diferentes campos da saúde, dados institucionais e também reclamações/denúncias contra serviços assistenciais vinculados ao complexo.

Veículos internos

Paralelamente, a equipe promoveu uma reestruturação editorial e gráfica da revista *Saúde Paulista*, editada pela Unifesp. O veículo, até então mais dedicado à divulgação de reportagens sobre as novidades relacionadas aos serviços gerenciados pela universidade – seis hospitais e uma maternidade em cinco cidades paulistas –, vem se tornando gradualmente um espaço para discussão de temas ligados aos desafios éticos e sociais dos profissionais da saúde.

Graficamente, a revista ganhou nova identidade visual, com cores mais suaves, maior utilização de ilustrações, fotos "sangradas" e novas seções, reservando espaço em suas páginas para as atividades de extensão e para matérias sobre o estilo de gestão implantado nos hospitais sob responsabilidade da Unifesp.

Para suprir a falta de um veículo interno de informação horizontal e vertical, foi criado o jornal *Olhaqui! Unifesp*, de periodicidade mensal e tiragem de quinhentos exemplares, que são fixados nos murais e paredes do campus da universidade e dos hospitais gerenciados pela instituição.

Com formato diferenciado (42 cm x 60 cm) e programação gráfica que remete à da revista *Saúde Paulista*, o jornal/mural traz notícias diretamente relacionadas aos interesses dos funcionários e servidores ou informa decisões institucionais que antes circulavam apenas nos gabinetes de diretores e chefes de departamento, mas que dizem respeito ao futuro de todos os que atuam na instituição. A revista e o jornal/mural são produzidos pela mesma equipe de jornalistas encarregados da assessoria de imprensa. A produção gráfica foi também terceirizada, o que gerou nova economia de recursos.

Conheça a Unifesp

A Universidade Federal de São Paulo é hoje um dos mais importantes centros de ensino, pesquisa e extensão do país. Fundada em 1933, oferece no campus da capital os cursos de graduação nas áreas de medicina, enfermagem, ciências biológicas, fonoaudiologia e tecnologia oftálmica, freqüentados por 1.500 alunos.

Números da assessoria de imprensa – junho a dezembro de 2004:

PRESENÇA NA MÍDIA: 3.126 matérias, notas e artigos (média de 446,5/mês)

Textos produzidos e divulgados à imprensa = 120 (média de 4,2 textos/semana)

SOLICITAÇÕES ATENDIDAS: 2.473 (média de 353,2/mês)

Edições da revista *Saúde Paulista* = 2 (trimestral)
Edições do jornal/mural = 4 (mensal – início em setembro)

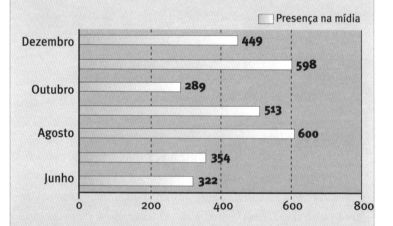

Matérias em jornais, revistas, internet, rádio e TV

CLIENTE:
Instituto São Paulo Contra a Violência – Disque-Denúncia

CASE:
Sociedade e empresa na preservação da vida e no combate à violência (2004)

DESCRIÇÃO
Em 2003, o Disque-Denúncia de São Paulo foi responsável pela solução de 7.437 casos policiais. Mais do que estatísticas, o número refere-se a vidas preservadas, reféns de seqüestros libertados, traficantes de drogas e assaltantes presos, crianças resgatadas da violência etc. A pena voltou a ser mais poderosa do que a espada, pois a informação tornou-se ferramenta da sociedade, gerenciada pelos jornalistas, na mobilização cívica contra o crime!

Credibilidade, confiabilidade e segurança são características que a sociedade reconhece plenamente no Disque-Denúncia, criado e mantido pelo Instituto São Paulo Contra a Violência, ONG constituída por entidades empresariais para auxiliar a polícia na prevenção e combate ao crime. Inaugurado em 25 de outubro de 2000, pelo saudoso governador Mário Covas e alguns empresários, o serviço tem a missão principal de oferecer à sociedade ferramenta eficaz para que ela própria participe das soluções de um grave problema: a violência.

Para cumprir essa missão, foi essencial ao serviço difundir e consolidar duas premissas fundamentais na opinião pública:

- *conquista da confiança dos cidadãos*, tendo em vista que a denúncia, com total garantia de anonimato, não colocaria em risco sua segurança quando exercessem a responsabi-

lidade social de prestar informações sobre um crime, um ato de ilegalidade ou uma violência.
- *conquista da credibilidade*, de maneira que todas as denúncias sejam efetivamente investigadas e passíveis de prestação de contas ao denunciante, que pode acompanhar a apuração da denúncia ligando para o serviço e identificando o caso sobre o qual deseja obter informação por meio de uma senha.

Claro que o sucesso de um serviço público de tal dimensão dependeria muito de sua divulgação na mídia. Sem verba para investimento em propaganda, pois os custos de manutenção do *call center* e das instalações físicas já são bastante altos, o Instituto São Paulo Contra a Violência apostou no trabalho de relações com a mídia jornalística. O grande desafio era demonstrar à imprensa e, portanto, à opinião pública, a real importância do Disque-Denúncia como ferramenta da sociedade para a redução da criminalidade. O Instituto procurou, então, a Ricardo Viveiros – Oficina de Comunicação e contratou-a para o trabalho de assessoria de imprensa. A agência aceitou o desafio, cobrando *fee* subsidiado e exercitando, assim, sua parcela de responsabilidade social no processo.

O primeiro ano do trabalho (2001) foi de conquista da imprensa. O crescente sucesso da divulgação jornalística, contudo, também criou problemas, em especial ameaças aos interlocutores do Disque-Denúncia. Em 4 de dezembro de 2001, o presidente do Instituto São Paulo Contra a Violência, Eduardo Capobianco, sofreu atentado a tiros, sendo ferido na perna, quando chegava ao escritório para trabalhar.

Assim, a partir de 2002 novas estratégias de imprensa tiveram de ser adotadas. Não poderia haver mais interlocutores permanentes. As entrevistas passaram a ser concedidas em rodízio por vários empresários, dirigentes e executivos do Instituto e jornalistas da assessoria – Ricardo Viveiros, Marco Antonio Eid (diretores) e Bernadete Aquino (gerente de atendimento da conta).

Em 2003, o trabalho de relações com a imprensa teve suas metas consolidadas. Os resultados práticos, expressos em números concretos de casos policiais resolvidos, multiplicaram-se, ampliando a credibilidade e resultando em crescimento ininterrupto da demanda. A imprensa tornou-se, definitivamente, a principal base de sustentação do Disque-Denúncia, colocando na mesma sintonia a Polícia Civil, a Polícia Militar, a Secretaria da Segurança Pública, o Instituto São Paulo Contra a Violência e toda a sociedade. O conteúdo editorial de jornais, revistas, sites, rádios e televisão tornou-se o ponto de referência para todos, incentivando o encaminhamento mais rápido das investigações e informando sobre o andamento e o sucesso das soluções de cada caso.

As ações e estratégias da assessoria de imprensa, muito além da divulgação, visaram sempre conscientizar os jornalistas de que *a pena voltava a ser mais poderosa do que a espada, pois a informação tornou-se ferramenta da sociedade, gerenciada pela imprensa, na luta contra o crime e a violência.*

O trabalho inclui também permanente treinamento dos profissionais de atendimento telefônico do *call center* e *media training*, além de todos os interlocutores com a imprensa. Abrange ainda cuidadosa preparação de cada entrevista, em especial quando realizada na sede do serviço, para que os jornalistas da mídia impressa e equipes de rádio e TV realizem a cobertura de acordo com as normas de segurança desenvolvidas pela assessoria de imprensa e concebidas para reduzir os riscos a que se expõem entrevistados, funcionários, atendentes e diretores do Instituto São Paulo Contra a Violência. Além disso, é gerenciada permanentemente a concessão de entrevistas pelos representantes da Polícia Civil e da Polícia Militar que atuam na sede do Disque-Denúncia. Todos esses detalhes foram desenvolvidos para superar as dificuldades iniciais.

Outra ação importante é o gerenciamento estratégico do *clipping* (inclusive o de todo o setor da segurança pública). Os relatórios, mais do que prestação de contas ao cliente, fornecem mapas dos crimes mais recorrentes, casos solucionados, tendências e estatísticas – ou seja, são importantes subsídios em termos de *inteligência* e informação para o próprio Disque-Denúncia e estrategistas da área da segurança.

Os veículos de comunicação engajaram-se totalmente na causa da segurança, inserindo diariamente no noticiário o número 0800-15-63-15 (ligação gratuita), também repetido em cada matéria sobre os crimes denunciados e sua solução. Jornais como O *Estado de S. Paulo*, *Folha de S.Paulo*, *Agora S. Paulo* e *Diário de São Paulo* publicam semanalmente textos institucionais sobre o Disque-Denúncia, inseridos em colunas de prestação de serviços. Emissoras de rádio criaram, gratuitamente, *spots* institucionais para incentivar o denunciante a ligar. Em novembro de 2003, por exemplo, foi amplamente divulgada uma pauta da assessoria de imprensa a qual continha dicas de como identificar um cativeiro. Como resultado, em apenas duas semanas três pessoas seqüestradas foram libertadas.

A importância do apoio da imprensa está expressa nos resultados da atuação do Disque-Denúncia. Em 2003, o serviço apurou 88.263 comunicados, um aumento de 18% em relação aos 72.481 recebidos em 2002. Desde a inauguração, em 25 de outubro de 2000, até o dia 31 de dezembro de 2003, foram contabilizadas 119.114 denúncias, decisivas para a solução de 4.521 casos de violência. Somente em 2003 foram solucionados 2.853 casos.

O papel da população, estimulada pela mídia e responsável pelas informações, foi decisivo para o final feliz de seqüestros como o do empresário Joaquim Figueiredo Alves, de 81 anos, refém por 53 dias; do empresário Rogério Faria Cunha, mantido em cativeiro por 49 dias; da camelô Manaiara Mara Leite de Lima, grávida de três meses e confundida com uma empresária; da jovem Daniela Luana Zillner, libertada trinta minutos após o recebimento da denúncia; e de um bebê seqüestrado na Santa Casa de Misericórdia de São Paulo.

As denúncias anônimas também ajudaram a polícia a identificar os *skinheads* suspeitos de obrigar Augusto do Nascimento Cordeiro e Cleiton da Silva Leite a saltar de um trem em movimento, em Mogi das Cruzes; a identificar o suspeito da morte de Antônio José Machado Dias, juiz-corregedor de presidente Prudente (SP); encontrar falso Poupatempo e central telefônica clandestina; a obter mais informações sobre a onda de ataques às bases comunitárias da PM e da Guarda Civil Metropolitana, em outubro de 2006, e a solucionar ou elucidar milhares de outros casos.

Depoimentos

"Jornais, revistas, rádios, televisões e webmídia foram decisivos para o sucesso do Disque-Denúncia como instrumento cívico no combate à violência e à criminalidade.

CASE 4

Nossa assessoria de imprensa realiza trabalho competente e corajoso de mobilização da mídia, divulgação das informações e conscientização diária dos jornalistas sobre sua importância nesse processo de mobilização da sociedade."

EDUARDO CAPOBIANCO • **Presidente do Instituto São Paulo Contra a Violência**

Para o jornalista Renato Lombardi, por muitos anos editor de Polícia do jornal *O Estado de S. Paulo* e agora apresentador do programa *Repórter Cidadão*, da Rede TV, o Disque-Denúncia é fundamental para o trabalho da polícia, para a população e para a imprensa. "Há uma divisão entre o antes e o depois da criação do Disque-Denúncia. Antes, tínhamos muitos casos nos quais imperava a dificuldade de trabalho da polícia e a falta de acesso da imprensa às informações. Com a criação do Disque-Denúncia e o trabalho da assessoria de imprensa do serviço, a polícia tem mais facilidade para esclarecimento e solução dos casos e os jornalistas têm acesso rápido e direto às informações."

O coordenador do Instituto São Paulo Contra a Violência no Disque-Denúncia, Pedro Paulo Talin, acredita que a imprensa conseguiu levar à sociedade civil a imagem de confiabilidade e seriedade do serviço, que refletiu na mudança de comportamento do denunciante. A confiança tomou o lugar do medo de retaliações. "O denunciante aprendeu a confiar no Disque-Denúncia com a ajuda da imprensa, que divulga os casos solucionados pela polícia com informações do serviço e enfatiza a garantia do anonimato. A polícia, por sua vez, utiliza os veículos de comunicação para pedir aos denunciantes informações sobre criminosos procurados. Assim, formou-se uma verdadeira cadeia de informações para o combate à violência. O Disque-Denúncia recebe as informações, a polícia investiga e soluciona o crime denunciado, a imprensa informa, o denunciante confia mais e comunica ao Disque-Denúncia."

Para o capitão Roberto Alves, responsável pelo Departamento de Comunicação da Polícia Militar do Estado de São Paulo, "o sucesso de um serviço público como o Disque-Denúncia está diretamente ligado à receptividade da imprensa. Quando a mídia cede espaço, o serviço chega à população com credibilidade. E é isso que tem ocorrido".

"Se não contarmos com a participação da imprensa e da população, podemos dizer que a polícia está sozinha, e sozinha não consegue solucionar nada. Digo sempre, em minhas entrevistas, que todo cativeiro tem um vizinho e se o denunciante colaborar usando o Disque-Denúncia, teremos um 'policial' em cada esquina." O depoimento é do delegado titular do Deic, Godofredo Bittencourt.

"Mobilizada, a sociedade teve força para reconquistar a democracia. Mobilizada, a sociedade terá forças para vencer a violência!"

GOVERNADOR MÁRIO COVAS, em 25 de outubro de 2000, na inauguração do Disque-Denúncia.

Resultados de *clipping*

Em 2003 (de janeiro a dezembro), o Disque Denúncia teve um total de 493 matérias veiculadas na imprensa. Os gráficos a seguir demonstram a evolução mês a mês e a distribuição por tipo de mídia.

Nesta versão impressa do *case*, constam apenas alguns exemplos do *clipping*. No arquivo da assessoria, é possível encontrar todos os índices e *clippings* da mídia impressa, bem como as planilhas de inserção de matérias em televisão (em especial Globo, Bandeirantes, Record, SBT, Gazeta e Rede TV) e rádio (principalmente CBN, Jovem Pan, Bandeirantes, Trianon e Eldorado).

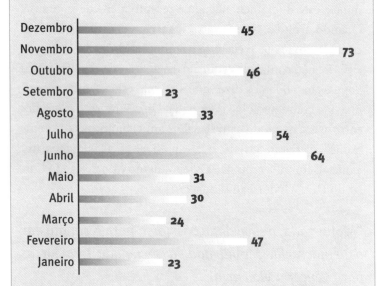

Publicações em 2003: 493
Resultados por tipo de mídia
Jornal: 367
Webmídia: 84
TV: 26
Revistas: 12
Rádio: 4

CLIENTE
Associação Brasileira da Indústria Gráfica (Abigraf)

CASE
Livro *Abigraf 40 anos* (2006)

DESCRIÇÃO
O desafio de relatar quatro décadas de história gráfica em um prazo de apenas quatro meses.

Fundada em 18 de maio de 1965, a Associação Brasileira da Indústria Gráfica (Abigraf Nacional) representa um setor integrado por 15,5 mil empresas que geram faturamento superior a R$ 17 bilhões, têm participação de 1% do PIB nacional e empregam duzentos mil trabalhadores. A despeito de sua importância para a economia nacional, de seus 40 anos de lutas e conquistas e do fato de ser uma entidade da área de impressão, nunca antes havia registrado oficialmente essa rica história em livro. Cumprir tal objetivo em um prazo de apenas quatro meses foi o desafio aceito pela Ricardo Viveiros – Oficina de Comunicação (RV-O).

A idéia de produzir um livro sobre os 40 anos da Abigraf Nacional vinha sendo acalentada havia algum tempo. Porém, somente em prazo muito próximo da festa de comemoração de seu aniversário de quatro décadas – celebrado em evento realizado no dia 27 de junho de 2005 – a direção da entidade decidiu concretizar essa proposta. A primeira reunião de trabalho aconteceu no início de janeiro de 2005, portanto, a Ricardo Viveiros – Oficina de Comunicação teria pela frente pouco mais de quatro meses para conceber uma obra de riqueza editorial e gráfica que fizesse jus ao que representa a entidade nacional da indústria gráfica. O formato ficou definido em 28 x 28 centímetros, 240 páginas, tiragem de três mil exemplares e todos os recursos de sofisticação gráfica no acabamento, além das versões para os idiomas inglês e espanhol.

O conteúdo do livro *Abigraf 40 anos* teve como premissa relatar a importância da entidade, suas realizações, conquistas para o setor e valores que agregou à sociedade. A produção do conteúdo editorial demandou ampla pesquisa histórica desde os primórdios da invenção dos tipos móveis, em 1462, por Gutenberg, contando a evolução da indústria gráfica no mundo; exigiu também pesquisa histórica sobre a imprensa no Brasil desde o descobrimento; e pesquisa histórica sobre a Abigraf Nacional. Nesse último quesito, vale ressaltar, a história não estava "escrita" integralmente. Na verdade, seus primeiros 20 anos estavam em grande parte dispersos. Foram realizadas mais de quarenta entrevistas com líderes, personalidades, empresários, técnicos e profissionais do setor que vivenciaram e testemunharam os momentos antes, durante e após os primeiros anos de criação da Abigraf. Portanto, um trabalho minucioso de coleta e "costura" de relatos, sempre com a preocupação e o cuidado de transmitir a história em sua mais fiel versão. Além disso, a tarefa de relatar a trajetória de quarenta anos da Abigraf não se resumiu a uma pesquisa local. Por estar representada em todo o Brasil, o trabalho de coleta de informações levou a equipe de produção a consultar fontes de diversos estados – uma verdadeira viagem no tempo e nas dimensões geográficas do país.

Os capítulos do livro *Abigraf 40 anos* ficaram assim definidos: 1. História viva [a história da indústria gráfica brasileira; o 1º Congresso Brasileiro da Indústria Gráfica e a fundação da Abigraf; 2. A Entidade (a história da Abigraf desde sua fundação em 1965; principais acontecimentos, o papel da Abigraf; lutas, conquistas e projeção internacional); 3. As Abigrafs regionais; 4. A saga tecnológica (a evolução técnica e tecnológica da indústria gráfica no mundo e no Brasil); 5. A força da informação (*Revista Abigraf*, revista *Tecnologia Gráfica*, BIG e as demais publicações da entidade); 6. Prêmio Fernando Pini (a criação e a evolução ao longo dos anos do concurso gráfico mais importante do Brasil); 7. Feiras, eventos e líderes gráficos; 8. Construindo o futuro (metas e objetivos da Abigraf).

Outra proposta de complexa execução foi delinear uma linha do tempo resumindo os principais fatos econômicos, políticos, sociais e culturais do Brasil e do mundo ao longo dos quarenta anos da entidade, a fim de criar um contexto histórico que servisse de cenário para o desenvolvimento da Abigraf. Apresentando fatos e imagens, a linha do tempo percorre todas as páginas da obra.

Com base na *Revista Abigraf*, publicação oficial da entidade, editada há trinta anos e com circulação nacional, a proposta foi abrir todos os capítulos com imagens de grandes artistas plásticos nacionais (Portinari, Fulvio Pennacchi, Arcangelo Ianelli, Wakabayashi, Samson Flexor, Alfredo Aquino, Tide Hellmeister e Antonio Peticov) – uma homenagem à arte brasileira, uma referência à relação intrínseca que existe com as "artes gráficas" e uma menção ao fato de a matéria de capa da revista sempre abordar obras, museus e artistas plásticos.

O prazo exíguo foi, porém, o maior desafio a ser vencido. Uma vez definido o conteúdo editorial, determinadas quais seriam as fontes, traçados os caminhos da pesquisa histórica e levantados todos os nomes dos entrevistados que contribuiriam com o relato, a Ricardo Viveiros – Oficina de Comunicação soube que um cronograma de trabalho minuciosamente estabelecido e cumprido seria o maior aliado nessa missão – e assim foi feito. Equipe composta por pesquisadores, repórteres e editores saiu a campo para cumpri-lo E a obra foi entregue exatamente uma hora antes do início da festa que comemorou os 40 anos da Abigraf. O desafio foi cumprido.

Desde 1993, a Ricardo Viveiros – Oficina de Comunicação é a agência responsável pela comunicação institucional da Abigraf Nacional. Esse trabalho envolve não apenas o relacionamento com a imprensa de todo o Brasil e do exterior, mas também a produção da *Revista Abigraf*, além da produção de peças de comunicação específicas para atender às necessidades pontuais da entidade, como folders, portal na internet, boletins eletrônicos e impressos.

Depoimento do cliente
"Nada é mais gratificante do que o registro das origens e do empenho de profissionais em buscar o desenvolvimento de nosso setor. Folheando as páginas do livro Abigraf 40 anos, *você terá uma visão singular da dimensão e do valor da indústria gráfica brasileira. Somente foi possível conceber essa obra graças ao empenho de seus editores e do conhecimento profundo sobre o setor gráfico que tem a Ricardo Viveiros – Oficina de Comunicação, adquirido em quase quinze anos de parceria."*

MÁRIO CÉSAR DE CAMARGO • Presidente da Associação Brasileira da Indústria Gráfica

Anexo

A história da imprensa brasileira

ENTENDER A ATIVIDADE denominada jornalismo institucional implica, necessariamente, conhecer a história da imprensa brasileira. Por essa razão, incluímos na parte final deste livro um texto que escrevemos sobre o tema, incluindo pesquisa histórica e entrevistas com jornalistas antológicos, diretores e executivos dos grandes veículos de comunicação. Este texto foi publicado em suplemento especial, pela *Revista Abigraf*, em agosto de 1998, nas comemorações dos 190 anos da imprensa brasileira.

Somente dezessete anos após a Revolução Francesa, em 1789, internacionalizar o ideal de liberdade, sinalizando o início da Idade Contemporânea, nasceu a imprensa no Brasil. O jornalismo nacional, calado pela censura das ditaduras intermitentes e ainda estigmatizado durante longo período por forte dicotomia (apoio irrestrito ou o combate radical a governos e regimes, acima do senso crítico), parece ter atingido sua maturidade e equilíbrio no final dos anos 1990 e início do século XXI – depois de ser protagonista da rica e efervescente história política do período, em episódios como a campanha das Diretas-já em 1984, a Constituinte de 1987, a promulgação da Carta em 1988 e o *impeachment* do presidente Fernando Collor.

A imprensa brasileira surgiu em 1808, três séculos e meio depois que o alemão Johannes Gutenberg inventou o tipo móvel, em 1448. O Brasil foi um dos últimos países do mundo, exceção feita a algumas nações africanas, a implantar tipografias. O atraso não se deu apenas em função da localização remota e da precariedade da Colônia em relação à Europa, mas, sobretudo, em decorrência do espírito do colonialismo português. "Mais importante do que alfabetizar as crianças indígenas era destruir nelas a cultura de seus pais", observa Nelson Werneck Sodré em *Formação da sociedade brasileira*.

Os índios brasileiros, à época do descobrimento, estavam na Idade da Pedra. Seu primitivo conhecimento não ameaçava as intenções portuguesas, ao contrário de incas, maias e astecas, cuja subjugação exigiu a força das armas e das letras. Isso explica o porquê da disseminação de exércitos e jornais na América Espanhola três séculos antes da chegada da imprensa ao Brasil.

A história do jornalismo brasileiro começou com a chegada de D. João VI ao país, em 1808, quando a família real portuguesa fugiu da ameaça de Napoleão Bonaparte. Em 1º de junho daquele ano circulou pela primeira vez o pioneiro *Correio Braziliense*, jornal que também inaugurou a censura no país. Editado e impresso em Londres, o periódico circulava clandestinamente no Brasil. O *Correio* foi fundado pelo idealista Hipólito José da Costa Pereira Furtado de Mendonça, brasileiro de Ganguçu, Rio Grande do Sul, que, em Lisboa, era editor literário da Impressão Régia portuguesa, criada pelo Marquês de Pombal. Preso em 1802 sob várias acusações, pois já estava influenciado pelo liberalismo dos Estados Unidos, conseguiu fugir em 1805 e exilou-se em Londres, onde editava o seu jornal.

Clandestino, porém capaz de burlar o controle da duana nos portos abertos às nações amigas, o *Correio Braziliense* contestava o poder real – era mais doutrinário do que informativo e pregava a liberdade como um direito dos brasileiros. A contrapartida foi rápida. A Impressão Régia (atual Imprensa Nacional), fundada em 13 de maio de 1808, editou, em 10 de setembro, a edição inaugural da *Gazeta do Rio de Janeiro*, que era um jornal mais noticioso, embora retórico na defesa dos interesses da Monarquia. Com as bênçãos da Coroa e da Igreja, ele foi o primeiro jornal de livre circulação no país e foi dirigido por frei Tibúrcio José da Costa.

Sua criação estabeleceu a data 10 de setembro como o Dia da Imprensa. Em contrapartida, Hipólito José da Costa ganhou o título de Patrono da Imprensa brasileira.

Para neutralizar as informações veiculadas no *Correio Braziliense* e em alguns jornais de circulação esporádica, também editados no exterior, a Coroa estimulou a criação de periódicos no Brasil – era a chamada Imprensa Áulica, controlada pela censura. Nesse contexto surgiu, por exemplo, *A Idade de Ouro do Brasil*, primeiro jornal editado fora do Rio de Janeiro e que começou a circular em Salvador, na Bahia, em 14 de maio de 1811.

Em 21 de setembro de 1820, na esteira da Revolução do Porto, que conspirava contra a Monarquia absoluta, o governo interino de Portugal publicou uma portaria que flexibilizava a impressão de jornais e livros. Em 15 de fevereiro de 1821 as cortes de Lisboa incluíram a liberdade de imprensa entre os princípios da Constituição. Estava aberto o caminho para que, em 2 de março de 1821, D. João VI assinasse decreto abolindo a censura prévia no Brasil. No aspecto prático, contudo, os jornais de oposição continuaram enfrentando a truculência, inclusive física, dos defensores da Monarquia. Somente em 19 de setembro de 1822, ano da Independência, o ministro do Reino e de Estrangeiros, José Bonifácio de Andrada e Silva, baixou portaria que estabeleceria, de fato, a liberdade de imprensa.

Surgiram, em todo o país, inúmeros jornais defendendo a independência, dentre eles o *Revérbero – Constitucional Fluminense*, editado por Gonçalves Ledo e considerado o órgão doutrinário do processo de libertação. O *Correio do Rio de Janeiro* também entrou para a história, pois seu proprietário, João Soares Lisboa, foi o primeiro jornalista brasileiro preso por "abuso de liberdade de imprensa". Da mesma época também merecem destaque *A Malagueta*, *Malaguetas Extraordinárias*, *Compilador Político*, *Literário Brasiliense* e *Aurora Pernambucana*, este último editado em Recife por Frei Caneca.

A volta da censura

O momento histórico que antecedeu a Independência favoreceu a liberdade de imprensa, que interessava aos diferentes grupos políticos que se delineavam na Colônia. Havia interesses comuns e convergentes, entre a direita e a esquerda. Nos dois grupos existiam segmentos defensores da libertação de Portugal. Na direita, alguns se contentavam com a manutenção do regime colonial, defendendo apenas a igualdade de direitos econômicos. Os grupos de esquerda, unanimemente, queriam a independência, mas havia os que almejavam mais: a abolição da escravatura e a República. A todos, contudo, interessava uma imprensa livre.

Com a Independência, chegou ao fim o consenso em torno da liberdade de expressão. A direita, muito rapidamente, fechou-se em irrestrito apoio ao poder dominante e novamente os jornais deixaram de ser livres. Seguiu-se um momento de terror: tipografias foram destruídas e queimadas; jornalistas foram presos, torturados e deportados, especialmente para a França, e um deles, Gonçalves Ledo, então eleito para a primeira Assembléia Constituinte do Brasil, não tomou posse porque estava no exílio. Ao retornar ao país, em 1823, encontrou um cenário desolador: Constituinte dissolvida e imprensa censurada.

O motivo alegado por D. Pedro I para dissolver a Assembléia foi um movimento de protesto, surgido na própria Constituinte, em decorrência de um incidente político com o jornal *Sentinela da Liberdade*, do baiano Cipriano Barata, considerado o introdutor da imprensa libertária no país. Preso por diversas vezes, ele continuou a editar o jornal no cárcere, informando, na primeira página, o local onde estava detido. Percebeu-se que a Independência, noticiada somente treze dias após o Grito do Ipiranga, no jornal *O Espelho*, não era sinônimo de liberdade...

O Primeiro Império assistiu à proliferação de jornais e pasquins irreverentes, sempre perseguidos pelo poder. Em 22 de outubro de 1825, nasceu, em Recife, o *Diário de Pernambuco*, que funciona até hoje no mesmo prédio e é o jornal mais antigo da América Latina. Em 1827 surgiram o *Diário de Porto Alegre* e o primeiro jornal paulista, o *Farol Paulistano*, fundado por José da Costa Carvalho, que, na época, contratou o médico italiano Líbero Badaró para a redação. Este fundou, posteriormente, *O Observador Constitucional*, jornal de princípios liberais, que incomodava muito a Corte. Em 1830 o médico/jornalista Líbero Badaró foi assassinado em uma emboscada nas ruas de São Paulo.

Que venha a República
Entre 1870 e 1873 existiam mais de vinte jornais republicanos no Brasil. O mais influente dentre eles era *A República*, veículo oficial do Partido Republicano. Nesse período surgiram novos periódicos em todo o país, inclusive no interior, que defendiam o fim da Monarquia e a abolição da escravatura. A *Revista Ilustrada*, de Ângelo Agostine, inovava no aspecto formal.

A Província de São Paulo – o *Estadão* – nasceu em 4 de janeiro de 1875 e foi o primeiro jornal empresarial do país. Criado por Rangel Pestana com a tutela financeira dos fazendeiros do café, o veículo teve seu nome mudado para *O Estado de S. Paulo* em 1890 e foi comprado, no ano seguinte, pelo jornalista Júlio de Mesquita, que introduziu importantes novidades na imprensa nacional: a comercialização de jornais nas ruas, composição manual por habilidosos tipógrafos e impressão numa Lauzit francesa. A mais importante inovação, porém, foi a origem das grandes reportagens. O antológico Euclides da Cunha, então repórter de *O Estado*, cobriu a Guerra de Canudos. O conjunto de suas matérias foi posteriormente publicado em forma de livro (*Os Sertões*).

Em 8 de abril de 1891, outro periódico de grande importância começou a circular no Rio de Janeiro. Fundado por Rodolfo Dantas e Joaquim Nabuco, o *Jornal do Brasil* foi empastelado em decorrência da publicação de dois artigos – "As ilusões republicanas" e "Outras ilusões republicanas". Em maio de 1893, Rui Barbosa assumiu sua direção, mas logo foi obrigado a deixar o cargo e pedir asilo à embaixada do Chile. Os escravos estavam livres, a República proclamada, mas a liberdade de imprensa ainda não tinha conseguido atingir sua plenitude...

A imprensa no século XX

No início do século XX surgiram no Brasil os embriões daqueles que seriam os chamados impérios da comunicação. Em 1911, Irineu Marinho fundou, no Rio de Janeiro, o jornal *A Noite*, um dos mais bem elaborados da época, e, em 1925, *O Globo*, que, a exemplo de grande número dos periódicos existentes, publicava artigos contundentes contra o governo Hermes da Fonseca. Assis Chateaubriand, que começara como jornalista em *O Pernambuco*, de Recife, comprou, em 1924, o primeiro jornal de seu verdadeiro império e, em 1968, quando faleceu, era proprietário dos Diários Associados, empresa que tinha 32 jornais, 24 emissoras de rádio, três revistas e 19 televisões.

No início da década de 1930, a imprensa brasileira enfrentava novo confronto com o poder. Os veículos identificados com o então presidente Washington Luiz sofreram, após a Revolução de 1930, truculenta perseguição do governo de Getúlio Vargas, e jornais como o *Correio Paulistano*, *A Noite* e o *Jornal do Brasil* foram queimados. Depois de legitimado no poder pela Constituinte de 1934, Getúlio utilizou o Levante Comunista de 1935 como pretexto para instalar o estado de sítio e aumentar a pressão contra a imprensa. Criou-se o terrível Departamento de Imprensa e Propaganda (DIP) e a censura passou a ser feita dentro das redações. *O Estado de S. Paulo*, invadido por tropas do governo, foi fechado por quinze dias, e seus jornalistas foram presos. Enquanto o Estado Novo oprimia, acontecia a primeira transmissão intercontinental de rádio para o Brasil, pela qual houve a cobertura da Seleção Brasileira na Copa do Mundo de 1938.

A ditadura Vargas – com censura à imprensa – prolongou-se até 1945, quando foi derrubada por um golpe de estado articulado pela oposição com setores da cúpula militar. Vargas foi destituído e quem assumiu o governo foi o presidente do Supremo Tribunal Federal, José Linhares, até a eleição e posse do novo presidente da República, o general Dutra. Restaurou-se a democracia e a imprensa livre. Vargas deixou o governo, mas não o cenário político.

Nas duas décadas seguintes, a Constituinte de 1946 proibiu estrangeiros de manter empresas jornalísticas no país e surgiram dois jornais claramente ligados a grupos políticos. Em 1949, representando a UDN e criado pela direita católica para oferecer uma pena a Carlos Lacerda, nasceu a *Tribuna da Imprensa*. Em 12 de junho de 1951, circulou a edição inaugural de *Última Hora*, de Samuel Wainer, cujo editorial de apresentação foi escrito pelo próprio presidente Getúlio Vargas, que, então por intermédio das urnas, reassumira a presidência da República em 31 de janeiro do mesmo ano. Seguiu-se um longo período de total inter-relação entre imprensa e política. Governo e oposição sustentavam suas posições em verdadeira guerra travada nas páginas dos jornais. Para apresentar essa questão, é bastante ilustrativo e conclusivo o seguinte trecho do livro *Impressões do Brasil – A imprensa brasileira através dos tempos: rádio, jornal e TV*, de Cláudio Mello e Souza:

> Consagrado nas urnas, Getúlio venceu a incômoda UDN, que então defendia a tese de que era necessária ao vencedor a maioria absoluta dos votos. Venceu e tomou posse. Percebeu rapidamente, pois, que tinha uma apuradíssima sensibilidade política, que lhe seria difícil governar tendo a lhe fazer oposição sistemática e severa todos os maiores jornais do Rio e de São Paulo, a saber: *O Glo-*

bo, de Roberto Marinho; *O Estado de S. Paulo*, de Júlio Mesquita Filho; o *Correio da Manhã*, de Paulo Bittencourt; o *Diário de Notícias*, de Orlando Dantas; e, principalmente, a *Tribuna de Imprensa*, de Carlos Lacerda. Em posição de aparente indiferença estavam os *Diários Associados*, de Assis Chateaubriand, e o *Diário Carioca*, dirigido por Horácio de Carvalho [...] Os anos cinqüenta foram marcados, em termos jornalísticos, pelas grandes pelejas entre a *Tribuna de Imprensa* e a *Última Hora*, com Getúlio Vargas no meio desse fogo cerrado [...]

Política à parte, a década de 1950 foi também marcada pelo surgimento de revistas no país, publicadas por várias editoras, dentre elas a Bloch, fundada por Adolpho Bloch, e a Abril, criada por Victor Civita. O primeiro lançamento da Bloch foi a revista *Manchete* (1952), até hoje em circulação. As primeiras publicações da Abril foram a revista em quadrinhos *Pato Donald* (1950) e a *Capricho* (1952).

No princípio de agosto de 1954, a responsabilidade pelo atentado contra o jornalista Carlos Lacerda, no qual morreu um major da Aeronáutica, no Rio de Janeiro, foi atribuída a Getúlio. Em 24 de agosto, ele suicidou-se. Nos 16 meses seguintes, três presidentes sucederam-se em mandatos relâmpagos: Café Filho, Carlos Luz e Nereu Ramos. Seguiu-se a estabilidade política do governo de Juscelino Kubitschek, Jânio Quadros, a renúncia, João Goulart, o frustrado parlamentarismo, o retorno do presidencialismo e o golpe de 31 de março de 1964.

Anos de terror

O golpe militar ressuscitou a censura à imprensa. Em 1967 e 1968, a turbulência política era imensa. Estudantes nas ruas, protestos de deputados contra o governo no Congresso Nacional. *O Estado de S. Paulo* publicou, em 13 de dezembro de 1968, o editorial "Instituições em frangalhos", que expressava com clareza a conjuntura nacional. A resposta foi imediata: a edição foi apreendida, e, na seqüência, instaurou-se o AI-5 e houve então a regulamentação da censura prévia, em 1970, pelo ministro da Justiça Alfredo Buzaid. Foram anos de terror, perseguição, execuções sumárias e de total repressão à imprensa. Receitas de bolo e versos de Camões, publicados em *O Estado de S. Paulo* e no *Jornal da Tarde* denunciavam a ação dos censores no corte de matérias.

No cenário da ditadura, novidades surgiram na comunicação brasileira, como a criação das revistas *Realidade* (1966) e *Veja* (1968), ambas da Abril, além da fundação da TV Globo, em 1965. Também foi disseminada a imprensa nanica, inaugurada com o *Pif-Paf*, do humorista e teatrólogo Millôr Fernandes. Seguiram-se *O Pasquim*, em 1969, com Tarso de Castro, Ziraldo, Jaguar, Fortuna, Henfil, Paulo Francis e Sérgio Cabral; *Reunião*; *Folha da Semana*; *Nós Mulheres* e *Brasil Mulher*, em Londrina; *Inimigo do Rei*, em Salvador, e tantos outros que representavam a principal resistência escrita ao regime militar.

A imprensa nanica sucumbiu. A grande imprensa sobreviveu. Alguns veículos apoiavam claramente o regime e apresentavam matérias nacionalistas e destaques ao milagre brasileiro. Outros permaneceram neutros, dando mais atenção ao noticiário econômico técnico e a editorias como a de esportes. Alguns outros, claramente contrários ao regime, mantiveram-se engajados à resistência democrática, mas sob o crivo da censura – desafiá-la, afinal, seria o caminho para o fechamento. Uma das grandes novidades à época ficou por conta da *Folha de S.Paulo*, que já existia desde 1921, mas, no ano de 1975, com a redação sob o comando do jornalista Cláudio Abramo, deu novo rumo ao jornalismo nacional.

E veio a década de 1980, na qual a distensão política tornou-se inevitável. Em 1982, tomaram posse os primeiros governadores de estado eleitos pelo voto direto após o golpe de 1964. Com o aval do governador de São Paulo, Franco Montoro, a TV Cultura desafiou Brasília e transmitiu ao vivo comício suprapartidário, organizado no estádio do Pacaembu, pelo PT. Desencadeou-se em todo o país o movimento Diretas-já, que em 1984 levou o povo brasileiro, em massa, para as ruas.

Assustada com a recente truculência da censura e do regime, a imprensa brasileira chegou a ficar confusa com o momento histórico. A *Folha de S.Paulo* foi o primeiro veículo a encampar o movimento, dando destaque aos grandes comícios pelas eleições diretas que se realizavam em todos os estados. Em 25 de janeiro, aniversário da cidade de São Paulo, a Praça da Sé foi o cenário de um gigantesco comício onde se reuniram cerca de quatrocentas mil pessoas. Apresentado em uma grande foto, o evento foi capa da *Folha* no dia seguinte. A TV Globo noticiou o fato como simples comemoração de aniversário da capital paulista. Paulatinamente, porém, a imprensa sucumbiu ao grito das ruas e até mesmo a Globo passou a abordar as Diretas-já, a duas semanas de ser votada no Congresso Nacional a emenda Dante de Oliveira, derrotada em 25 de abril por 22 votos. O *Jornal da Tarde*, expressando o sentimento da população, publicou sua primeira página em preto, simbolizando o luto.

A redemocratização do país consolidou-se por intermédio das eleições indiretas forjadas pelo regime militar. Ironicamente, esse casuísmo do regime moribundo consagrou a eleição de Tancredo Neves na esteira da criação da Frente Liberal, por José Sarney, cujo grupo rompera com o candidato da situação, Paulo Maluf. Toda a imprensa apoiou Tancredo.

Era 21 de abril de 1985. Numa sala do Centro de Convenções Rebouças, em frente ao Instituto do Coração, em São Paulo, onde Tancredo Neves estava internado, jornalistas de todo o Brasil e correspondentes dos principais órgãos de imprensa e agências de notícias do mundo acompanhavam a lenta agonia do presidente.

Anoitecia. O complexo do Hospital das Clínicas, no bairro de Pinheiros, onde se localiza o Instituto do Coração, já estava cercado por uma verdadeira multidão, que, de mãos dadas, cantava o Hino Nacional. Na improvisada sala de imprensa, a maioria dos jornalistas, já acostumados à rotina dos boletins médicos, não dava muita conta do que estava ocorrendo. Às 22 horas, Antônio Britto, atual governador do Rio Grande do Sul, na época porta-voz de Tancredo e repórter da TV Globo, entrou na sala para ler mais um boletim médico: "Companheiros da imprensa. Lamentamos informar que o presidente Tancredo Neves acaba de falecer..."

No entanto, a democracia sobreviveu e solidificou-se no anseio da população nas ruas, no desafio à crise econômica do Governo Sarney e nas páginas da *Constituição Cidadã*, de Ulysses Guimarães, o Senhor Diretas. A imprensa brasileira estava definitivamente livre – livre para opinar, apoiar, criticar, denunciar e até mesmo para produzir um presidente da República, como ocorreu com Fernando Collor de Mello, e livre para, posteriormente, rever seu erro histórico e atuar como um dos principais vetores do *impeachment*. Estava também livre para cometer injustiças, como aquela feita à Escola de Base, em São Paulo, e livre para, no final do milênio passado, buscar um equilíbrio próprio, aprender que liberdade implica responsabilidade e se firmar como verdadeiro poder – poder que, na democracia, emana do povo!

O rádio no Brasil

A primeira transmissão de rádio no país aconteceu em 7 de setembro de 1922, nas comemorações do Centenário da Independência. A Westinghouse Eletric International instalou, no Corcovado, no Rio, uma estação de quinhentos watts que transmitiu discurso do presidente Epitácio Pessoa. A primeira emissora do país, contudo, surgiria apenas no ano seguinte: a *Rádio Sociedade do Rio de Janeiro*, fundada por Roquete Pinto e Henry Morize.

Apareceram, então, em todo o país, rádios sustentadas por associações, já que a publicidade era proibida.

O rádio comercial surgiu somente em 1932, com a regulamentação da publicidade. Na década de 1930 foram fundadas várias emissoras comerciais: a Rádio Record, em São Paulo (1931); a Rádio Nacional, no Rio de Janeiro (1936); e a Rádio Tupi, em São Paulo (1937). Nas décadas de 1930 e 1940, apareceram os grandes programas de música popular e ídolos como Carmem Miranda, Linda Batista e Orlando Silva, os programas de auditório e as novelas (a primeira foi *Em busca da felicidade*, da Rádio Nacional).

No dia 28 de agosto de 1941, às 12h55, entrava no ar, pela Rádio Nacional, a primeira edição do *Repórter Esso*, precedido pelo prefixo de fanfarras e clarins composto pelo maestro Carioca, que se tornaria uma das marcas registradas do novo programa. Na histórica transmissão, o locutor Romeu Fernandes anunciava, dentre outras notícias, o ataque da RAF à Normandia durante os combates da Segunda Guerra Mundial.

O *Repórter Esso* inaugurou o radiojornalismo brasileiro e introduziu técnicas (frases curtas, objetivas, agilidade e antecipação das informações) utilizadas até hoje. O radiojornalismo tem muita força na imprensa brasileira e mantém altos níveis de audiência, a despeito da concorrência exercida pela televisão.

Surge a televisão

A primeira transmissão oficial de televisão no Brasil ocorreu em 18 de setembro de 1950 com a inauguração da TV Tupi, de São Paulo, pertencente aos *Diários Associados*, de Assis Chateaubriand. Em 1951 surgiu a TV Tupi, no Rio de Janeiro e, em 1953, a TV Record, em São Paulo.

O telejornalismo nasceu junto com a própria televisão. Logo no início, a Tupi paulista lançou *Imagens do dia*, que ficou no ar até 1952, sendo substituído pelo *Telenotícias Panair*. Em 1953, na mesma emissora, o *Repórter Esso* entrou no ar, mantendo-se como principal noticiário da TV até o final da década de 1960. A TV Globo, criada em 1965 por Roberto Marinho, seria responsável pela criação do telejornal que, até hoje, é o campeão de audiência: o *Jornal Nacional*.

Nos anos 1960, a televisão conquistou imensa popularidade. Começaram as transmissões de longa distância pela estrutura da Embratel. A década foi também marcada pela utilização dos equipamentos de videoteipe, que agilizaram e aprimoraram a produção de programas jornalísticos. Em 1972 foi implantada oficialmente a TV em cores.

Na década de 1970, a Rede Globo tornou-se a maior rede de comunicações do país, mas o equilíbrio foi se restaurando a partir do surgimento e desenvolvimento de outras redes, como a Bandeirantes (1969), fundada por João Saad; o Sistema Brasileiro de Televisão (1981), por Sílvio Santos; Rede Manchete (1983) – hoje Rede TV –, por Adolpho Block; e a TV Record, fundada por Paulo Machado de Carvalho e hoje gerida pelo bispo Edir Macedo. Além disso, com o surgimento da TV por assinatura, em 1990, primeiro por sinal codificado e depois por cabo e transmissão digital por satélite, a audiência foi se tornando mais segmentada.

A morte que não cala
Perseguidos por governos, contraventores, traficantes e criminosos, os jornalistas brasileiros jamais se calaram diante da opressão. Muitos pagaram a ousadia da verdade com a própria vida. Alguns casos ficaram na história – triste história. Líbero Badaró, assassinado nas ruas de São Paulo, em 1830; Wladimir Herzog, morto no DOI-Codi, em São Paulo, em 1975; Mário Eugênio, assassinado em Brasília, em 1984. E, mais recentemente, em 1997, Edgar Lopes de Faria, executado na rua quando se dirigia à Rádio Capital, em Campo Grande.

Esses são exemplos da violência contra jornalistas, que não acabou com o fim da censura. Nos últimos quinze anos – segundo a Comissão de Ética e de Liberdade de Imprensa da Federação Nacional dos Jornalistas (Fenaj) – vinte profissionais da imprensa foram assassinados no país.

Eles escrevem a história

A história da imprensa é a própria História do Brasil, registrada nas páginas dos jornais e revistas e na memória de jornalistas que ajudaram a escrevê-la com a lucidez da ética. Seu depoimento é um testemunho de que, apesar de todos os problemas que enfrentou, da paixão retórica por ideologias, causas e partidos e do crivo da censura, a imprensa brasileira inclui-se dentre as mais competentes do mundo. Conhecê-la é imprescindível para exercer a atividade de assessoria de imprensa com a devida competência e ética.

Cem anos de vida, vida de jornalista

"Se me perguntassem qual o brasileiro vivo que mais admiro, eu responderia imediatamente e com a maior convicção: Barbosa Lima Sobrinho, esse jovem pernambucano, nascido na cidade de Recife, em 22 de janeiro de 1897." Essa avaliação de Arthur Carvalho, coordenador do livro *Barbosa Lima Sobrinho*, dedicado ao centenário desse grande jornalista, é compartilhada por muitos brasileiros e continua insofismável, considerando que esse maravilhoso profissional e ser humano, a despeito de sua despedida deste mundo, continua vivo como ícone da imprensa, da cultura e da história desta nação. No mesmo livro, a jornalista Leila Pinagé, relata:

> A mente ele mantém sã com leitura freqüente e comparecendo diariamente à Associação Brasileira de Imprensa (ABI), onde exerce

seu terceiro mandato como presidente. Na ABI, participa das reuniões do Movimento de Defesa da Economia Nacional, do qual é presidente. Escreve artigos para o *Jornal do Brasil* desde 1921 e o *Jornal da* ABI. Além disso, participa semanalmente das reuniões da Academia Brasileira de Letras, da qual é membro desde 1937, de conferências e atos públicos. Incansável na defesa de seus ideais para preservar a democracia no Brasil, não poupa sequer presidentes da República. [...] Intransigência com seus princípios e coragem são traços tão antigos quanto a sua existência. (*Revista Abigraf*, nº 177, agosto de 1998)

Foi com todos esses predicados e mais uma boa dose de disposição e simpatia que Barbosa Lima Sobrinho, então aos 101 anos de idade, recebeu, para uma de suas últimas entrevistas, o jornalista Ricardo Viveiros. E foi logo disparando:

A influência do jornal é duradoura. A TV é mais efêmera. O papel da imprensa, mesmo subordinada à questão econômica e sob a influência do capital que a sustenta, é de lutar pela liberdade. A imprensa tem evitado, ao máximo, se deixar escravizar. Tem trazido a público as causas de interesse nacional. Um país não pode existir sem imprensa. (*Revista Abigraf*, nº 177, agosto de 1998)

Segundo Barbosa Lima Sobrinho, o papel impresso é indispensável[4]:

O jornal e as revistas aprofundam as informações e permitem meditar e refletir sobre as notícias. Os grandes jornais brasileiros, embora as tiragens ainda sejam pequenas, têm enorme influência na sociedade. (*Revista Abigraf*, nº 177, agosto de 1998)

---

4   Esta foi uma das últimas entrevistas do jornalista, concedida em sua casa no bairro de Botafogo, no Rio de Janeiro.

Barbosa Lima Sobrinho também analisou aspectos da história política, os quais vivenciou como ninguém:

A morte de Getúlio Vargas teve influência decisiva na História do Brasil. Havia uma onda grande contra ele. Eu havia previsto a possibilidade do suicídio. Para Getúlio, a vida pública estava acima de tudo. A história mostrou que, apesar das denúncias e do propalado mar de lama, ele deixou para os filhos apenas uma pequena estância no Rio Grande do Sul.

"E Carlos Lacerda, dr. Barbosa?"
Eu respondo: "Foi um grande orador, mais do que um grande jornalista".

Numa rápida viagem no tempo, o seu centenário tempo, Barbosa Lima Sobrinho emendou:

O Fernando Henrique Cardoso [*à época da entrevista era o presidente da República*] pertence a uma família de patriotas. Seu avô, seu pai, seu tio foram importantes contestadores. Mas FHC não tem o mesmo perfil. Até quis ser ministro do Fernando Collor... Mário Covas é quem não deixou. FHC não se manteve firme nas convicções do tempo de exilado, de professor.

O então presidente da ABI também se manifestou contra o instituto da reeleição para governadores e presidente da República, pois o governo acaba trabalhando para si mesmo e não para o país; nem os militares fizeram emendas para a reeleição...

A crença na palavra impressa

O escritório, numa pequena rua da Vila Madalena, é recheado de livros – livros e idéias, idéias e ideais persistentes. É noite, mas dois computadores, com as telas acesas, denunciam: aqui se escreve muito. E basta ler um parágrafo para reconhecer a dignidade da pena de Alberto Dines, jornalista. No aconchego informal daquele espaço, ele, que deixou sua marca em tantos jornais e revistas, continua produzindo textos primorosos, exercitando uma fé indefectível: "Acredito na palavra impressa".

Foi com essa crença que iniciou sua carreira, em 1952, na revista *Visão*. Depois, a *Manchete*, quando esta começou a vencer a concorrência com o *Cruzeiro*.

> Em 1962, fui chamado para dirigir o *Jornal do Brasil*, que havia passado por radical reforma, realizada por Odylo Costa, filho. Esse processo foi um dos mais importantes do jornalismo brasileiro, tanto em termos de conteúdo, quanto de diagramação e produção gráfica. Quando deixei o jornal, doze anos depois, me gabava de um grande feito: ter mantido o que meus predecessores haviam realizado.

Alberto Dines foi demitido pelo JB por razões políticas, pois, como todas as mentes lúcidas –lúcidas e corajosas –, passava a ser encarado como inimigo do regime militar:

> Já não podia trabalhar no Brasil. Então, em 1973, fui para os Estados Unidos, onde fiquei até 1975. Foi lá que Cláudio Abramo me procurou e pediu que, se eu voltasse ao Brasil, desse prioridade à *Folha de S.Paulo*, na qual ele realizava um importante e significativo processo de transformação.

Em 1975 lá estava Alberto Dines chefiando a sucursal do Rio de Janeiro e participando da reforma da *Folha*, somando-se ao empenho de muitos profissionais competentes para transformá-la num jornal mais pluralista.

Eu também era articulista de política e escrevia a coluna "Jornal dos jornais". Em 1980, fui novamente demitido por questões políticas. Fiquei dois anos fora das redações, escrevendo um livro e prestando assistência à Abril. Depois, permaneci seis anos nessa editora, no cargo de diretor editorial adjunto. Segui, então, para Portugal onde lancei *Exame* e *Ativa* e relancei *Casa Cláudia*. Depois de quatro anos, saí da Abril, mas continuei em Portugal, durante mais dois anos, prestando consultoria ao Grupo Balsemão, associado à editora...

De volta ao Brasil e radicado em São Paulo, Alberto Dines passou a escrever semanalmente para a "Folha Ilustrada" e realiza importante trabalho na Universidade de Campinas (Unicamp), no Laboratório de Estudos Avançados em Jornalismo (Labjor). Uma das mais significativas atividades desse núcleo é a edição do *Observatório da Imprensa*. Trata-se do mais antigo boletim de crítica da imprensa feito para a internet.

> Esse trabalho teve grande sucesso; recebemos pedidos para elaborar uma edição impressa, que passou a ser um resumo mensal das edições quinzenais da internet. Há, também, uma versão para a televisão, gerada pela TV Educativa, que vai ao ar pela TVA e, a partir de agosto, também pela TV Cultura.

Além de todo esse trabalho, Alberto Dines também se dedica a pesquisas. Uma delas é referente ao português Antônio Isidoro da Fonseca, que, em meados do século XVIII, montou a primeira oficina gráfica de que se tem notícia no Brasil. O estudo resultou em texto de trinta laudas que será incluído em livro de ensaios.

Embora usuário e navegador contumaz da internet, Alberto Dines não acredita que essa e todas as novas mídias eletrônicas decretem o fim da palavra impressa. "O papel impresso valida o conteúdo. Há uma relação entre as pessoas, o livro, o jornal e a revista que a eletrônica não completa."

É exatamente por isso que o jornalista defende a qualidade do conteúdo do texto escrito:

> A imprensa brasileira capitulou perante a televisão. Hoje, os jornais e revistas – alguns mais do que outros – estão clonando a televisão, no conteúdo e na forma. Não há mais a ameaça da censura direta, mas há forças de mercado que estão tirando o jornalismo dos seus trilhos. Isso não ameaça a sobrevivência da palavra impressa, mas exige que ela volte a ter conteúdo.

Apesar do senso crítico, Alberto Dines mostra-se otimista com o futuro da imprensa:

> Acredito existir espaço para o surgimento de jornais e revistas de menor tiragem, com alta qualidade editorial e dirigidos a nichos específicos. Temos possibilidade de ir para a frente. Em todo esse cenário, há muitos aspectos que melhoraram. Em 1975, por exemplo, seria inconcebível escrever na *Folha* o que escrevo hoje, inclusive sobre ela.

Uma família de jornalistas

Fernão Mesquita, 45 anos, diretor responsável do *Jornal da Tarde*, é bisneto de Júlio de Mesquita, que, em 1891, assumiu a direção de *O Estado de S. Paulo*. Há mais de um século à frente da organização, a família Mesquita jamais deixou de exercer, na prática, sua vocação para o jornalismo. Cuidando diretamente da redação dos jornais, redigindo e participando do fechamento diário de cada edição, os membros da família sempre conciliaram esse trabalho com a gestão empresarial – e deu certo. Hoje, o Grupo Estado é uma das maiores organizações de comunicação e informação do país.

A vocação pelo jornalismo constitui-se na essência de um diferencial do grupo: "*O Estado* nasceu de um ideal, voltado à defesa da República", salienta Fernão Mesquita, e acrescenta:

> Essa origem determinou toda a trajetória do jornal, que sempre viveu em torno de causas e da proposição de um projeto para o país. E isso o diferencia de empresas jornalísticas que nasceram como um negócio, com um intuito meramente comercial. Obviamente, a postura ideológica de *O Estado* exigiu um exercício de aprendizado no sentido administrativo, para garantir sua sobrevivência como empresa e, inclusive, como imprensa independente.

O grupo, no conjunto de suas atividades, emprega atualmente cinco mil pessoas. *O Estado de S. Paulo* foi eleito pela Columbia University, dos Estados Unidos, como um dos mais importantes do mundo – e foi o único da América Latina incluído nessa relação. Sua tiragem média mensal (junho de 1998) foi de 404.547 exemplares, distribuídos em 9.500 pontos de venda em todo o país e para mais de 311 mil assinantes. O *Jornal da Tarde*, editado pelo grupo há 31 anos, é um periódico de vanguarda, com tiragem média mensal (junho de 1998) de 87.109 exemplares distribuídos em 5.500 pontos de venda e carteira de 37.200 assinantes.

"Os negócios de radiodifusão do grupo incluem as emissoras *Eldorado* AM e *Eldorado* FM, ambas líderes de audiência em seus segmentos, e a gravadora Eldorado, com expressiva participação no mercado fonográfico brasileiro", acentua Fernão Mesquita. A *Agência Estado*, fundada em 1970 como suporte operacional para as unidades jornalísticas do grupo, distribui seus produtos por fax, sinais de rádio, BBS, *pagers*, painéis eletrônicos, CD-ROM e internet:

É líder nacional no mercado de informações financeiras e, na área de mídia, presta serviços a mais de 250 assinantes, jornais, revistas, rádios e televisões. Por fax, transmite diariamente suas edições do *NewsPaper, FaxPaper, TimesFax* e *Fax Mercosul*. Em outubro de 1995, lançou o *AgroCast*, sistema inédito de informações voltadas ao mercado *agrobusiness*. Mantém parcerias com as empresas Dow Jones Telerate e APDOW Jones para distribuição exclusiva de informações internacionais no Brasil e nacionais, no exterior. Lança, ainda, a *BroadNet*, rede interativa para informações e negócios no mercado financeiro, e o *Brasil Financial Wire*, primeiro informativo financeiro sobre o Brasil, em inglês, na internet.

Como parte da estratégia de diversificação dos negócios, no campo da informação, o Grupo Estado passou a atuar, em 1985, por intermédio da Oesp Gráfica/Divisão Catálogos – atual Oesp Mídia Direta –, na edição de listas telefônicas, comercializando, produzindo e distribuindo as das cidades de São Paulo, Guarulhos e interior do Rio de Janeiro. É responsável, ainda, pela edição de diversos guias setoriais, como o da *Revista das Pequenas e Médias Empresas* e dos programas de rádio e televisão, além dos serviços prestados pela Linha Amarela (900). A Divisão Vendas Gráficas da Oesp é responsável pela produção gráfica de livros, revistas, impressos comerciais e jornais de terceiros. Edita também o *Jornal do Domingo*, cuja distribuição é gratuita na região de Campinas, além de publicar três outras edições regionais de um jornal de anúncios classificados, o *Primeiramão*. Todos os veículos produzidos pelo grupo são distribuídos por outra empresa, a Oesp Distribuição e Transportes.

O Grupo Estado, além de participar como acionista-controlador – em conjunto com o grupo neozelandês Fletcher Challenge e com o Banco de Desenvolvimento Social – da Pisa (Papel de

Imprensa S.A.), instalada no Paraná, participa do mercado de telefonia celular em São Paulo.

Gestão empresarial à parte, o jornalismo é a marca da família Mesquita, que sempre se defrontou com a censura dos regimes de exceção vivenciados pelo país ao longo do século. "Para quem é da família, a censura é muito presente em nossa história. Tão normal, enquanto desafio profissional, que nunca requereu uma estratégia previamente elaborada para o enfrentamento do problema", comenta Fernão Mesquita. Ele lembra que, durante a Ditadura Militar do regime de 1964, o *Jornal da Tarde* foi o primeiro a revelar aos leitores que existiam matérias censuradas, publicando receitas de bolo nos espaços em que agia a "tesoura" dos censores. Depois, *O Estado* também aderiu a esse modo de transmitir a mensagem aos leitores e passou a publicar versos de Camões no lugar das matérias censuradas. "Na época, Ruy Mesquita enviou telegrama ao presidente Costa e Silva, indicando referências históricas do destino final de regimes e governos que tentaram calar a imprensa", conta Fernão.

Agora, a liberdade de imprensa parece ter atingido sua maturidade no país. No entanto, de acordo com a visão do jornalista Fernão, surge outra ameaça tão grave quanto o cerceamento da expressão e do pensamento.

> É a sedução representada pela demanda da banalização da informação, tendência a que se entregam outras mídias, com o intuito de atender àquilo que Paul Johson define como "coisas de interesse do público", em substituição às "coisas de interesse público".

Como reagir à nova ameaça?

O esforço do Grupo Estado é no sentido de resistir à banalização da informação, focando cada vez mais o seu jornalismo num novo papel, o de ser o verdadeiro interlocutor entre os diferentes sistemas sociais, empresas, trabalhadores, entidades e instituições, num mundo em que o poder governamental vai perdendo importância e em que prevalece a luta dos indivíduos e organizações pela sobrevivência.

Papel impresso tem aura

Wilson Figueiredo, 73 anos, vice-presidente do Conselho Editorial do *Jornal do Brasil*, ao qual já dedicou quarenta anos de carreira, conta que o veículo nasceu em uma época em que os jornais surgiram como instrumento político. "Ao JB atribuiu-se, à época, uma posição anti-republicana, mas isso não foi verdade. Ele sempre foi, ao longo de seus 106 anos, um jornal político, de reflexão e não-panfletário."

O jornalista, que iniciou sua carreira ainda estudante de letras neolatinas, em 1944, reescrevia telegramas internacionais e nacionais. "Era uma época em que só existia a guerra mundial como interesse para o leitor. Não havia política porque estávamos sob o Estado Novo. A censura era apertada. Conheci, portanto, como jornalista, duas ditaduras." Seu primeiro emprego foi nos *Diários Associados*, em Minas. Em 1949, tornou-se secretário de redação da *Folha de Minas* e, em 1957, foi para o Rio de Janeiro.

> Depois de rápida passagem pela *Última Hora* e *Manchete*, fui convidado a integrar o primeiro grupo contratado, em abril de 1957, para começar a reforma do *Jornal do Brasil*, que mantinha uma existência paralela à grande imprensa, mas sem presença na opinião pública. Em 1960, Assis Chateaubriand me levou para participar de um programa de recuperação de *O Jornal*, que não aconteceu face à doença que o invalidou para o comando das suas empresas.

Dois anos depois, Wilson voltou ao *Jornal do Brasil* no qual retomou sua função de redator. Em 1961, criou uma seção diária, que assinava, posteriormente transformada no importante "Informe JB". Em 1965 ele deixou a coluna para participar do quadro de editorialistas. "Em 1974 fui convidado a ser o coordenador de opinião do jornal e nessa função fiquei até 1991, quando – no Centenário do *JB* – a empresa me premiou com o cargo de diretor de redação."

Desde os tempos de sua coluna diária, Wilson trabalha paralelamente como articulista político do jornal, e sua responsabilidade é abordar, aos domingos, os assuntos da semana.

> Minha colaboração em termos de textos políticos somente foi interrompida com o AI-5. A edição do jornal que noticiou esse ato de um regime que optava pela ditadura, num momento em que acreditávamos que fosse transitório, foi até imprudente. O *JB* reagiu com emoção cívica, deixando-nos claramente em confronto com os governantes. Esse foi um dos episódios marcantes dos 47 anos completos e ininterruptos de jornalismo (não me aposentei porque isso nos desvaloriza no mercado e não se pode viver com o benefício), dos quais 37 transcorreram no *JB*. Em conseqüência, sou associado à própria imagem de um jornal centenário.

Um dos momentos mais importantes da centenária história do jornal foi a sua reestruturação, sob a direção da condessa Pereira Carneiro. "Ela teve a coragem de tirar o *JB* da hibernação", salienta Wilson, acrescentando: "E a época de Juscelino, acenando com a possibilidade de melhoria econômica, contribuiu para esse renascimento". O jornal participou desse novo ciclo da história brasileira, antes, durante e depois do regime militar de 1964, com a criação e desenvolvimento de uma publicidade forte e inovadora. A reforma foi iniciada por Odylo Costa, filho, e consolidada por Alberto Dines.

Os governos Médici e Geisel, em virtude das divergências, criaram dificuldades para o jornal, como boicotar a publicidade. O JB havia se posicionado contra a estatização e os contratos de risco para prospecção de petróleo, além de contra o acordo nuclear Brasil-Alemanha. Mário Henrique Simonsen defendeu o jornal e Antônio Carlos Magalhães, então na Eletrobrás, desobedeceu e manteve a publicidade.

Sobre a concorrência da televisão com a imprensa escrita, Wilson admite que ela é muito forte. "O jornal, contudo, será eterno, debaixo do braço do leitor, sendo recortado. O papel impresso tem aura!" E o jornalista? "Eu melhorei como ser humano. O jornalismo nos transforma em cidadãos públicos, julgados pela sociedade e, assim, com maior responsabilidade em nos aperfeiçoar sempre."

O sucesso global
Ele é fluente em inglês, francês e espanhol. Lê em latim e fala italiano. Mas foi num português escorreito que Walter Ramos Poyares – jornalista, professor universitário, relações públicas, administrador e publicitário – contou à *Revista Abigraf* a história das Organizações Globo, em que ocupa o cargo de assessor da presidência. Ele ingressou em *O Globo* em agosto de 1952, com a função de *promotion*, que ele próprio criara para a área comercial. E foram muitas as promoções que desenvolveu: "Operário padrão", desfiles de moda, "Motorista padrão", "Miss elegante Bangu", campanha de transformação do algodão em algo fino na moda feminina e ações nas áreas da saúde e educação, dentre outras.

Poyares, que é autor de *Imagem pública, glória para uns, ruína para outros, Comunicação social e relações públicas* e vários outros livros, nasceu em 9 de abril de 1916. Aos 82 anos, ocupa um papel importante nas Organizações Globo, cuja história é fundamental na comunicação de massa brasileira. Para ilustrar essa questão, ele cita três reflexos fundamentais da comunicação de massa no país e que tiveram na TV Globo um grande vetor: os efeitos da mídia na linguagem; nas formas tradicionais de cultura; e como instrumento de ação social. Quanto ao primeiro aspecto, a mídia muito contribuiu para a consolidação da unidade da língua nacional e a difusão, em todo o país, das expressões regionais. Sobre o segundo aspecto, ao contrário do que alguns propagam, a mídia fortalece a cultura tradicional, levando-a a milhões de pessoas que não têm acesso ao livro e ao teatro, por exemplo. No que diz respeito ao terceiro aspecto, é muito grande a capacidade da mídia de promover ações de mobilização social.

Alguns exemplos podem ser apontados: as campanhas de imunização; o aleitamento materno, objeto de longa ação da TV Globo que contou com a participação da ONG Amigas do Peito e obteve apoio do Unicef. Os resultados foram excepcionais: 95% das mães brasileiras conhecem hoje as propriedades positivas do aleitamento materno. Essa campanha, junto com as campanhas do soro caseiro e de imunização, foi reconhecida oficialmente pelas Nações Unidas. Outra iniciativa importante foi a "Ação global", realizada pela TV Globo para catalisar os esforços da sociedade civil e instituições governamentais em comunidades carentes.

Poyares, que é fundador e primeiro diretor do curso de comunicação social da PUC/RJ, frisa que o jornalista Roberto Marinho (na época presidente de *O Globo* – Empresa Jornalística Ltda., da TV Globo, do Sistema Globo de Rádio, da Fundação Roberto Marinho e outras empresas) foi um visionário quando, há trinta anos, compreendeu a importância de se criar uma rede de televisão fundamentada em programação eminentemente brasileira. Hoje, a TV Globo tem 93% de programação nacional em horário nobre.

"*O Globo* foi fundado em julho de 1925 pelo pai de Roberto, Irineu Marinho", conta Poyares, acrescentando:

Irineu era um excelente jornalista, que morreu apenas 21 dias após ter lançado o jornal. Roberto Marinho, que na época tinha 21 anos, tomou para si a tarefa de continuar o trabalho do pai e, no decorrer dos anos, criou o que, hoje em dia, é o maior e mais importante sistema de comunicação da América Latina.

Integram esse grande complexo: *O Globo*, um dos mais importantes jornais brasileiros, com circulação média de trezentos mil exemplares em dias de semana e oitocentos mil, aos domingos; *Sistema Globo de Rádio*, integrado por nove emissoras de ondas médias, quatro estações de ondas curtas e cinco FMS, que alcançam cobertura de 8,5 milhões de ouvintes; *Rede Globo de Televisão*, fundada em 1965. São cinco estações próprias e 81 afiliadas que, no conjunto, empregam mais de quinze mil pessoas. A Rede Globo exporta seus programas para noventa países; Sigla (Sistema Globo de Gravações Audiovisuais, que produz a etiqueta Som Livre, dentre outras); NET, distribuidora de programação por sistemas de TV por assinatura; Globosat, programadora de canais para TV por assinatura; e Editora Globo, que publica 38 revistas e 180 títulos de livros e fascículos por ano. Além disso, há a Fundação Roberto Marinho, dedicada a atividades culturais e educacionais.

Poyares conta que "a decisiva contribuição de Roberto Marinho para o desenvolvimento do jornalismo, rádio e televisão e os serviços comunitários das Organizações Globo têm sido reconhecidos no Brasil e no exterior". Esse reconhecimento está expresso nos inúmeros títulos e prêmios que recebeu, tanto no país quanto no exterior.

O jornal das Diretas-já

A história da *Folha de S.Paulo* foi marcada, durante determinado período, por oscilações, até mesmo na propriedade do jornal, que nasceu da fusão, em 1960, da *Folha da Noite*, *Folha da Manhã* e *Folha da Tarde*. A *Folha da Noite* foi fundada em 1921 por Olival Costa e Pedro Cunha. Em 1925 começa a circular a *Folha da Manhã* e, em 1940, a *Folha da Tarde*. De 1945 a 1962, o jornal foi dinamizado por uma nova concepção, capitaneada por José Nabantino Ramos.

No entanto, um novo momento na história da *Folha* teria início após a greve de 1961, quando o grupo Frias/Caldeira assumiu, em 1962, a direção do jornal. Os novos gestores assumiram a empresa num momento de grave crise financeira. Optaram por iniciar uma recuperação paulatina e a reorganização administrativa, viabilizando o salto tecnológico verificado entre 1967 e 1974, incluindo a instalação de *offset*. Em 1967, o grupo incorpora o *Notícias Populares* e, em outubro, a *Folha da Tarde* foi relançada. Depois, esse jornal evoluiria para o *Agora São Paulo* e o grupo também passou a editar, em parceria com as Organizações Globo, o diário *Valor Econômico*. Nessa fase, a *Folha* situou-se como um jornal das classes médias urbanas de São Paulo.

O momento histórico do nascimento da primeira *Folha* foi caracterizado por perturbações sociais e políticas que culminaram com o colapso da Primeira República. Abriram-se, à época, novas possibilidades para o surgimento de jornais oposicionistas. Nessa linha surgiu a *Folha da Noite*, vespertino fundado por iniciativa de um grupo de jornalistas até então integrantes da redação de *O Estado de S. Paulo*. A *Folha da Manhã* era um matutino que visava a levar aos leitores as informações ainda mais recentes, que o jornal *Folha da Noite* não tivera tempo de cobrir.

Em 1945, a estrutura da empresa foi alterada e ela passou a se denominar Folha da Manhã S.A. Os dois jornais circularam com o mesmo nome até 1959. A *Folha da Tarde* foi criada em 1º de julho de 1940. Em 1º de janeiro de 1960, a unificação dos três títulos deu origem à *Folha de S.Paulo*. Em 19 de outubro de 1967 a *Folha da Tarde* voltou a circular com seu nome original.

A partir de 1962, quando a empresa passa a ser gerida pelo grupo Frias/Caldeira, a história da *Folha* pode ser dividida em três fases: de 1962 a 1967, a reorganização financeiro-administrativa; de 1968 a 1974, a revolução tecnológica; e de 1974 a 1981, a definição de um projeto político-cultural. Um ano após a posse do novo grupo, registrava-se o aumento de anunciantes e leitores de venda avulsa diária para 73.873 assinantes. A *Folha* se transformava no jornal de maior circulação paga no Brasil, mas ela também buscava sua conceituação no plano editorial, visando a um perfil liberal e informativo.

Entre os anos de 1982 e 1983, teve início a mudança do produto editorial. Foi criado o Projeto Folha e o jornal tornou-se o primeiro a ter um manual de redação totalmente informatizado. Isso foi uma verdadeira revolução para o país na época e um período no qual o jornal se firmou como independente, pluralista, prestador de serviços e apartidário.

Em seguida, a *Folha* reestruturou a área de marketing e circulação e passou a contar com um produto novo, uma equipe nova, um projeto editorial e comercial novos, além de um marketing mais voltado para o mercado. Esse foi um período em que os jornais não anunciavam na televisão, mas a *Folha* contratou agências de publicidade e, com todas as armas prontas, começou a dar grandes saltos nos segmentos editorial, comercial, de circulação e marketing. Em 1984, assumiu a liderança em São Paulo; foi a época das Diretas-já. De fato, a *Folha* foi o primeiro jornal a encampar a campanha e isso foi fator decisivo para o seu crescimento e reconhecimento por parte dos leitores.

Em 1989, a *Folha* tornou-se o primeiro jornal da América Latina a implantar a função de ombudsman, exercida pioneiramente pelo jornalista Caio Túlio Costa. Em 1990, iniciou os cadernos regionais, editados nas principais regiões do interior paulista. A estratégia da *Folha* para aumentar sua circulação aos domingos começou em novembro de 1991 com o lançamento do *Folhão*, um produto editorial e de serviços que suscitou a duplicação da circulação.

Na seqüência, foi lançada a *Revista da Folha*, mas isso ainda não foi suficiente – os domingos precisavam de um reforço maior. Então, em março de 1994, foram criados os fascículos. Foi lançado um piloto muito bem-sucedido representado pelos fascículos do Sebrae e, nesse mesmo caminho, em agosto de 1994, criou-se o *Atlas*. Dos 180 mil exemplares que eram vendidos em banca na capital, a *Folha* saltou para quinhentos mil e, no Brasil todo, para um milhão. Esse volume, somado aos 450 mil exemplares de assinantes, fez que, pela primeira vez no país, um jornal chegasse ao patamar de 1,5 milhão de exemplares.

De Donald a *Veja*

Em 1950, quando o *Pato Donald* começou a circular no Brasil, poucos poderiam imaginar que o simpático personagem de Disney fosse o protagonista pioneiro da história de um dos maiores grupos de comunicação da América Latina. Do trabalho e empenho de Victor Civita, nascia a Editora Abril.

Passados 48 anos, o Grupo Abril é hoje um completo conglomerado de empresas de comunicação, com atividades em diversos segmentos: publicações, no qual é líder no mercado nacional; TV a cabo e por satélite; vídeos; CDs e CD-ROM; listas telefônicas; marketing direto; coleções; e serviços on-line. "Hoje, com dez mil funcionários, obteve faturamento de US$ 1,6 bilhão em 1997", salienta Roberto Civita, editor da *Veja* e presidente do Grupo Abril.

Na área de publicações, responsável por 59% de seu faturamento, o grupo edita e distribui mais de duzentos títulos de revistas. Dentre elas estão a *Veja*, quarta maior revista semanal de informações no mundo, e oito dentre as dez maiores revistas em circulação no Brasil. No mesmo segmento, o grupo atua também no mercado externo, com as editoras Abril, Controljornal (Portugal) e Editora Primavera (Argentina). Conta, ainda, com o maior parque gráfico da América Latina, com 320 milhões de exemplares impressos em 1997 e a maior e mais completa malha nacional de distribuição em bancas e para assinantes.

As operações de TV, nascidas em 1990 com a inauguração da MTV no Brasil, representam 29% do faturamento do grupo. Além da MTV – primeira emissora aberta com 24 horas de programação no país, em associação com a Viacom, dos Estados Unidos –, o Grupo Abril é responsável pela única operação mundial de TV paga com distribuição por quatro diferentes tecnologias: MMDS, cabo, banda e banda Ku. Hoje, há mais de 1,6 milhão de assinantes, diretos e indiretos, no país. Nesse segmento, a Abril conta com parceiros internacionais do porte da Falcon, Disney/ABC, Hearst e Chase, na TVA, e Grupo Disneros, Grupo Multivision e Hughes, na DirectTV.

Entre os demais negócios do grupo, figuram vários líderes de mercado. A Abril Vídeo, distribuidora de *home vídeo*, nascida em 1983, é a número um em locação e venda de DVDs, com participação de 18% e 70% nos respectivos mercados. A Listel, criada em 1985, é a maior editora de listas telefônicas da América Latina, produzindo 86 catálogos, que cobrem 42% dos telefones brasileiros. Em marketing direto, a DataListas é responsável pela oferta de serviços qualificados e do maior banco de dados do Brasil, com catorze milhões de nomes de consumidores e empresas, distribuídos por dezesseis estilos de vida diferentes.

Em vendas diretas, o grupo conta ainda com a Abril Coleções, com 110 mil assinantes de coleções de vídeo, 47 mil de livros e 23 mil de CDs, e com o *Musiclub*, que comercializa 1.500 títulos de CDs, pelo formato de clube, para uma carteira de 530 mil sócios. Em parceria com o Grupo Folha, a Abril tem 50% de participação no Universo Online, que provê acesso à internet para

55 mil assinantes e mais de 275 mil usuários/dia, interessados em seu conteúdo editorial e de serviços, o maior do mundo em língua portuguesa.

Esse caráter empresarial não descaracteriza o Grupo Abril na essência de sua atividade, o jornalismo. Roberto Civita observa:

> A liberdade e a manifestação do pensamento – e a liberdade de imprensa –, além de se constituírem num direito natural do homem, são pressupostos básicos de todas as demais liberdades: política, religiosa, econômica, de associação e tantas outras. A liberdade de imprensa não constitui um fim em si mesmo nem visa garantir a liberdade de expressão de jornalistas ou proprietários de empresas de comunicação. O que se procura é um meio para garantir a sobrevivência de uma sociedade livre.

◆

Bibliografia e fontes

ARQUIVO ABRIL CULTURAL.
BARBEIRO, Heródoto; LIMA, Paulo Rodolfo de. *Manual de telejornalismo*. Rio de Janeiro: Campus, 2002.
BUCCI, Eugênio. *Sobre ética e imprensa*. São Paulo: Companhia das Letras, 2000.
CARVALHOSA, Modesto (org.). *O livro negro da corrupção*. Rio de Janeiro: Paz e Terra, 1995.
DIAS, Vera. *Como virar notícia e não se arrepender no dia seguinte*. Rio de Janeiro: Objetiva, 1994.
DINES, Alberto. *O papel do jornal*. 6. ed. São Paulo: Summus, 1986.
EID, Marco Antonio de Carvalho. *Entre o poder e a mídia*. São Paulo: M.Books, 2003.
FENAJ – FEDERAÇÃO NACIONAL DOS JORNALISTAS. "A imprensa no Brasil – De D. João a FHC, 190 anos de história". *Revista da Fenaj*, Brasília, 1998.
GARCIA, Luiz. (org.). *Manual de redação e estilo – O Globo*. São Paulo: Globo, 1992.
KOTSCHO, Ricardo. *A prática da reportagem*. São Paulo: Ática, 1986.
MARTINS, Eduardo (org.). *Manual de redação e estilo – O Estado de S. Paulo*. São Paulo: Oesp, 1990.
MOTTA, Cunha. *Os rapazes da imprensa: um pouco da história de São Paulo*. São Paulo: Ateniense, 1990.
NOGUEIRA, Nemércio. *Media training – Melhorando as relações da empresa com os jornalistas*. São Paulo: Cultura, 1999.
Novo manual da redação – Folha de S.Paulo. São Paulo: Folha de S.Paulo, 1992.

PRIOLLI, Gabriel. "A imprensa vê a imprensa". In: *Centro Cultural Cândido Mendes – Imprensa ao vivo*. Rio de Janeiro: Rocco, 1989, p. 75-92.

ROSSI, Clóvis. *Vale a pena ser jornalista?* São Paulo: Moderna: 1986.

SALLES, Antonio Carlos et al. *Fontes abertas – Indicadores Bristol-Myers Squibb de relacionamento com a imprensa*. São Paulo: Bristol-Myers Squibb, 2002.

SERVA, Leão. *Jornalismo e desinformação*. São Paulo: Senac, 2001.

SOBREIRA, Geraldo. *Como lidar com jornalistas – Manual da fonte*. São Paulo: Geração, 2002.

SODRÉ, Nelson Werneck. *Formação da sociedade brasileira*. Rio de Janeiro: Bertrand Brasil, 1985.

SOUZA, Cláudio de Mello e. *Impressões do Brasil – A imprensa brasileira através dos tempos: rádio, jornal e TV*. São Paulo: Práxis, 1986.

TRAMONTINA, Carlos. *Entrevista*. São Paulo: Globo, 1996.

VILLELA, Regina. *Quem tem medo da imprensa?* Rio de Janeiro: Campus, 1998.

VIVEIROS, Ricardo; EID, Marco Antonio. "Os 190 anos da imprensa brasileira", *Revista Abigraf*, n. 177, ago. 1998.

WAINER, Samuel. *Minha razão de viver – Memórias de um repórter*. 18. ed. Rio de Janeiro: Record, 2001.

◆

—————— dobre aqui ——————————

Carta-resposta
2146/83/DR/SPM
Summus Editorial Ltda.
CORREIOS

CARTA-RESPOSTA
NÃO É NECESSÁRIO SELAR

O SELO SERÁ PAGO POR

AVENIDA DUQUE DE CAXIAS
214-999 São Paulo/SP

—————— dobre aqui ——————————

CADASTRO PARA MALA-DIRETA

Recorte ou reproduza esta ficha de cadastro, envie completamente preenchida por correio ou fax, e receba informações atualizadas sobre nossos livros.

Nome: _____ Empresa: _____
Endereço: ☐ Res. ☐ Coml. _____ Bairro: _____
CEP: _____ - _____ Cidade: _____ Estado: _____ Tel.: ( ) _____
Fax: ( ) _____ E-mail: _____ Data de nascimento: _____
Profissão: _____ Professor? ☐ Sim ☐ Não Disciplina: _____

1. Você compra livros:
☐ Livrarias ☐ Feiras
☐ Telefone ☐ Correios
☐ Internet ☐ Outros. Especificar: _____

2. Onde você comprou este livro?

3. Você busca informações para adquirir livros:
☐ Jornais ☐ Amigos
☐ Revistas ☐ Internet
☐ Professores ☐ Outros. Especificar: _____

4. Áreas de interesse:
☐ Educação ☐ Administração, RH
☐ Psicologia ☐ Comunicação
☐ Corpo, Movimento, Saúde ☐ Literatura, Poesia, Ensaios
☐ Comportamento ☐ Viagens, Hobby, Lazer
☐ PNL (Programação Neurolongüística)

5. Nestas áreas, alguma sugestão para novos títulos?
_____

6. Gostaria de receber o catálogo da editora? ☐ Sim ☐ Não
7. Gostaria de receber Informativo Summus? ☐ Sim ☐ Não

Indique um amigo que gostaria de receber a nossa mala-direta

Nome: _____ Empresa: _____
Endereço: ☐ Res. ☐ Coml. _____ Bairro: _____
CEP: _____ - _____ Cidade: _____ Estado: _____ Tel.: ( ) _____
Fax: ( ) _____ E-mail: _____ Data de nascimento: _____
Profissão: _____ Professor? ☐ Sim ☐ Não Disciplina: _____

Summus Editorial
Rua Itapicuru, 613 7° andar 05006-000 São Paulo - SP Brasil Tel.: (11) 3872-3322 Fax: (11) 3872-7476
Internet: http://www.summus.com.br e-mail: summus@summus.com.br

cole aqui